みんなで国語辞典②

あふれる新語

北原保雄 編著
「もっと明鏡」委員会 編

大修館書店

本書所載の各項目は、左記キャンペーンへ寄せられた作品を、原義を損なわない範囲で「もっと明鏡」委員会が編集したものです。

名称　みんなで作ろう国語辞典！　「もっと明鏡」大賞
期間　二〇〇七年五月～九月、二〇〇八年五月～九月
応募総数　十万六八五〇作品

＊本書では、原則として応募作品の内容・形式を可能な限り尊重し、表記や形式は統一しませんでした。特に、欄外「KY語コレクション」については、ローマ字表記中にヘボン式、訓令式が混在していますが、投稿された表記のママとしました。
＊本書は、応募者個人が自由に記述した作品を、国語辞典を模した形でまとめたものです。語釈、用例、用法解説などは国語辞典としての規範を示すものではありません。本書の内容に基づいた事実誤認およびそこから発生する損害については、その責を負いかねます。

まえがき

ものすごい数の新語が渦巻いている、これが前著『みんなで国語辞典！―これも、日本語―』(二〇〇六年十二月／大修館書店刊)を編集したときの実感だったが、その状況は現在もまったく変わっていない。前著には若者が好んで使う「KY語」もたくさん載せたが、それをまとめて『KY式日本語―ローマ字略語がなぜ流行るのか―』(二〇〇八年二月／同社刊)を上梓した。

本書は、大修館書店が行っている〝みんなで作ろう国語辞典！「もっと明鏡」大賞〟の第二回と第三回に応募された作品の中から一部を選定して辞典風に編集したものである。第一回は一般の人々も対象だったが、第二回と第三回は中高生だけを対象とした。学校単位、あるいはクラス単位の応募も回を追って多くなり、このキャンペーンの趣旨が理解されてきているのは嬉しいことだ。

前著は、応募原稿を重視し、応募者の県名、年齢、性別なども記載したが、本書では、応募原稿をもとに体裁を整えたり、新しい情報を追加したりして、辞書的な整理をした。項目の並べ方は、項目全体を五十音順に並べるのも一つの方法だったが、意味や語形、造語法などの観点から七つの章に分けて、冒頭に解説を載せ、五十音順に配列した。

本書を編集するにあたっては、大修館書店の古川聡彦氏と北村尚子氏の尽力があった。記して感謝したい。

若者が、どんな言葉を使っているか、どんなところに関心や興味を持っているか、どんなことを考えているかなどが、この一冊でかなり理解できるのではないかと思う。

「もっと明鏡」委員会 委員長

二〇〇九年四月

『明鏡国語辞典』編者　北原保雄

目次

はんれい【凡例】

書物の初めにあって、その編集方針・構成・使用法などを箇条書きにして示した部分。例言。(『明鏡国語辞典』より)

[収録ジャンル]

〝みんなで作ろう国語辞典!「もっと明鏡」大賞〟に寄せられた十万六八五〇の作品から厳選した約一二〇〇語を収録。「恋の新語」「『〜る』『〜い』の新語」「叫びの新語・オノマトペの新語」「もじりの新語」「世相を映した新語」「なぞらえた新語」「広がる新語」の七ジャンルに分類する。

[見出しの示し方]

和語・漢語は平仮名で、外来語は片仮名で示し、各ジャンルごとに五十音順に並べる。表記形は、応募作品の表記を極力尊重し、見出しの後の【　】に掲げる。アルファベットによる略語は記号として使われるものなどについては、読み方を示さない。

[略号・記号一覧]

同 同義語　類 類義語　反 反対語　派 派生語　関連 関連表現

補注 「もっと明鏡」委員会の注記　きたはら 編著者・北原保雄による評言

第一章

恋の新語

人がもっとも強く伝えたいという想い。
それはきっと「恋」――。
歴史を顧みれば、
恋が引き起こした戦争すらある。
そんな強い力を持つ「恋」にとって、
言葉を紡ぐくらい、造作のないこと。

2

恋をするのに年齢の制限はない。しかし、やはり恋は青春期の特権だ。本人も周囲も大騒ぎをするのは若いときだ。従って恋に関する若者言葉もどんどん造られる。恋の過程を新語で追ってみよう。

まだ恋人になっていないが仲のよい二人を「未恋人《みれんびと》」という。それが「発恋《はっこい》(＝走り出した恋)」をして、「友恋《ゆうれん》(＝友だちから恋人になること)」になる。「未恋」は「未練」と同音、「発恋」は「初恋」と同音だが、漢字表記が違うように意味はまったく別だ。

恋の相手がいない人は、「恋活《れんかつ》(＝恋愛活動)」をする。「就活(＝就職活動の略)」「婚活(＝結婚活動の略)」という言葉は、人口に膾炙《かいしゃ》して久しくすでに市民権を得ているが、「恋活」は新しい。恋愛のために、具体的にどんな活動をするのだろうか。

男性は「カノぼ(彼女募＝彼女募集中)」、女性は「カレぼ(彼募＝彼氏募集中)」という活動期間に、「好《この》タイ(＝好みの異性のタイプ)」が見つかると、「いちキュン(＝ひと目惚れ)」「瞬惚れ(＝ひと目見た瞬間に心が惹かれること)」「焦げキュン＝(ハートが焦げるほど胸が締めつけられること)」などとなって、「ドキめく(＝胸がドキドキときめく)」。「秒殺(＝出会った瞬間に恋に落ちること)」「ラブどっきゅん(＝恋愛で胸がときめくこと)」など同じ状況を表す言葉は豊富だ。「カレ専(＝年齢が離れた枯れた人を好むこと)」のような、娘の親としては困りものだが、年配の男性にとっては嬉しい好みもある。

そして、好きなタイプの相手が決まると、「コクる(＝告白する)」ことになる。決死の覚悟で「激告(＝死んでもいい覚悟で激しく告白すること)」する者、勇気があって「チョクる(＝会ってすぐに告白する)」者もいる。しかし、直接会って告白することができないで、メールで「メル告(＝メールで告白すること)」をしたり、電話で「電告(＝電話で告白すること)」をしたりする者、あるいはその勇気もなくて、友だちに頼んで「友告(＝友だちに告白してもらうこと)」をする者もいる。青春時代の初々しさ、恥じらいなどを思い出させるが、中には「イタ告(＝好きでもない人に「好きだ、つきあって」と告白すること。「イタズラ告白」の略)」をするような、すれっからしの悪いヤツもいる。

時代を反映して、メールや電話で告白をする言葉はあるが、手紙による告白を表す「ふみこく(文告)」などという言葉はない。逆に、時代を反映した言葉に「指恋」がある。古い時代を知っている人には「小指と小指絡ませて」の恋を想像させたり、「あなたが嚙《か》んだ小指が痛い」恋を思い出させる甘い言葉だ。しかし、この「指恋」はそんなにロマンチックな恋のことではない。まさに現代的なメカニックな恋だ。携帯のメールでやりとりを重ねるうちに成立する恋のことで、親指でメールを打つ恋のことだから、「指恋」なのだ。手紙（恋文）を筆やペンで書くのではなく、メールを指で打つ時代だから生まれた言葉だ。表す内容はどうということもないが、言葉のできがよく、なんともかわいらしい傑作だ。

さて、「発展途上恋（＝異性との関係が築けるかもしれない途中の段階の恋。「発展途上国」のもじり）」の段階から、「相思愛愛（＝互いに相手が好きで仲のよいこと。「相思相愛」よりも思いが強い）」の関係になる。このころは「ベタボレック（＝相手に対してベタ惚れの状態）」という症候群に罹《かか》っている。そして、「ラブラ部（＝恋愛に熱中して勉強や部活に支障を来す状態）」に入部する。「恋続《れんぞく》（＝恋が続くこと。「連続」のもじり）」すれば、「地球温暖化（＝地球の温度を上げていそうなアツアツのカップル）」で、周りはいささか迷惑することになる。しかし、中には「恋哀《れんあい》（＝心が痛む悲しい恋。「恋愛」のもじり）」のような熱くない恋愛もある。

「遠恋《れんえん》（＝遠距離恋愛）」があれば、「近距離恋愛（＝幼なじみなど身近な人との恋）」もある。長い間には「貶《なけ》し愛（＝愛ゆえに貶し合ってしまうこと）」になることもある。「貶し愛」は「貶し合い」のもじりだが、そういう言葉なら、「触れ愛」「譲り愛」「掴《つか》み愛」「揉み愛」「殴り愛」「角突《つのつ》き愛」「安請け愛」など、いくらでも造ることができる。『みんなで国語辞典！』には「どす恋（＝攻めて攻めて攻めまくる積極的な恋。相撲甚句の掛け声「どすこい」のもじり）」を載せた。

そして、恋愛の果ては二つに分かれる。一つは「秋恋《あきこい》（＝飽きてきた恋。失恋）」になり、「バカヤロー解散（＝ケンカ別れ）」をし、辛さ、悲しさを「破恋知（＝恋に破れて初めて知ること。「破廉恥」のもじり）」することになる。『みんなで国語辞典！』には「恋戦恋傷（＝これまでの恋愛すべてで失敗していること。「連戦連勝」のもじり）」という言葉を載せたが、そういう気の毒な者もいる。心の整理をして「消しアド（＝携帯から別れた恋人のアドレスを消去すること）」をし、友人に「失話《しつばな》（＝失恋の話）」をして終わり。

もう一つは、子どもができて、「授かり婚（＝子どもを授かったのを機にする結婚）」をし、「マル1（＝結婚を一回していること）」になる。「マル1」は「マル2（＝結婚を二回していること。

つまり、一度離婚して再婚している)」「マル3(=結婚三回)」と展開する場合もある。「マル2」「マル3」は「バツ1」「バツ2」よりも肯定的で聞こえのいい言葉だ。

以上、一つのストーリーで綴っただけだが、ことほどさように言葉は多彩で、その中から多様な恋の実態が見えてくる。

❶

辞書に載った「辞書に載っていない」言葉。

【粗辞】そじ

つたない挨拶のこと。自分の挨拶を謙遜して使う。「まことに粗辞ではありますがお礼の挨拶といたします」

第一回「もっと明鏡」大賞に寄せられた、この「粗辞」という言葉は、『明鏡国語辞典』にめでたく収録されました。

※第一回「もっと明鏡」大賞の応募作品より

あいあいがさ【相愛傘】 お互いに好意を持っている者どうしで一つの傘を差すこと。

あいかた【愛方】

❶仲がよく行動をともにしている相手。「彼女は私の愛方です」❷自分が一番信用していて、好きな友だち。「うちらは一生、愛方だよ」。❖「ラブかた」とも。

あいキス【愛キス】 愛を感じるなぁという感じのキス。「洋画ってむやみに愛キス多いよね」。

あいコンタクト【愛コンタクト】 相手の姿を見たり、声を聞いたりせずに、相手を思う気持ちだけで意思疎通を図ること。

あいバイバイ【アイバイバイ】 「愛してるよ」と「バイバイ」を組み合わせた言葉。「じゃーねー、アイバイバイ！」❖デートの帰りにカップルで使う。

あきこい【秋恋】 ❶失恋。❷あまりうまくいっていない恋。「もうつきあい始めて一年。そろそろ秋恋の気配です」。類春恋、夏恋、冬恋

きたはら 秋は実りの季節でもあるのに、恋の終わりのことをいうのは音が「飽き」に通じるから。この捉え方は平安

最新KY語コレクション
【AB】Asi Boboon（＝足ボボーン）

時代の古今和歌集から見られる。恋がさめることを「秋風（が立つ）」というが、四季の中に位置づけた「秋恋」は新発想。

アピお【アピ男】 好きな女子が通ると、さりげなく話す声を大きくするなどしてアピールを始める男の人。関連 アピる

あわびる【鮑る】 片思いをする。「あの子、鮑ってるらしぃよ」。補注 鮑は、あさりやハマグリなどの二枚貝とは異なり貝殻が一枚しかないことから、片思いを表す語として用いられている。『万葉集』に収められた「伊勢の海人《あま》の朝な夕なに　潜《か》つぐといふ　鮑の貝の片思ひにして」という歌からできた成句「磯の鮑の片思い」が有名。

きたはら 意味、用法は解説の通りだが、「鮑の貝の片思い」は古来連綿として伝えられてきた言葉。なお、アワビからは真珠がとれる。万葉集のころの真珠はアワビ真珠が主だった。露伴の『新浦島』には「次郎と名づけて鮑の貝の中の玉と大切に育てけるが」とある。

いしんでんしん【異心電信】

異性に対する思いをメール（電信）で伝えること。「異心電信のメールを今、送信した」❖「以心伝心」のもじり。

最新KY語コレクション

【AHMC】 **A**shiwa **H**osoiga **M**unewa **C**hiisai
（＝足は細いが胸は小さい）

いたこく【イタ告】 好きでもない人に、「好きです。つきあってください」と告白すること。「イタズラ告白」の略。「私、○○君にイタ告しちゃったー」。

いたでん【痛電】 恋人どうしでする電話。「昨日は夜遅くまで痛電してしまった」。❖他人が聞くと恥ずかしくなるような内容の会話であることから。

いちきゅん【いちキュン】（女性が男性に対してする）ひと目惚れ。❖その後、胸が苦しくなるほど好きになることを「キュンバク」という。同瞬惚れ、秒殺

いちずっぱい

一途で甘酸っぱい。「あの子、あんなチャラい彼氏なのにいちずっぱいよねー」。

いとこん【糸婚】 赤い糸で結ばれた人どうしが結婚すること。「紆余曲折を経ての糸婚」。

きたはら 糸にはいろいろな意味があるが、「赤い糸」の省略ということには思いが及ばない。その飛躍が若者言葉の一つの特徴。

イベントマジック 学校行事やその準備中に男女が急に親しくなり、その後、カップ

最新KY語コレクション
【AK】 **A**rienai **K**angaekata（＝ありえない考え方）

ルになること。「体育祭ではイベントマジックがあちこちで起こる」。❖「文化祭マジック」「卒業式マジック」のようにイベント名を付けて使われることが多い。

いろおち【色落ち】 人としての色気がなくなること。「あいつ最近めっきり色落ちしてきた」。❖主に女性に対して使う。

いろけづく【色気づく】 （主に引退した野球部員が）髪型を変えたり、眉毛を剃ったりする。「夏も終わったし、そろそろ色気づくヤツが出てきたな」。

うにうに （仲のいいカップルが）甘えているさま。お互いにだだをこねているようなさま。「つきあい始めだからって、うにうにし過ぎ」。

えんじゅく【縁熟】 相手との結びつきがとても深いさま。「俺とお前ってつくづく縁熟だよな」。

えんれん【遠恋】 「遠距離恋愛」の略。「遠恋だからっていつも失敗するとは限らない」。

オールマーク 自分の異性の好みがすべて該当していること。また、その相手。「今の人、オールマークなんですけど」。

最新KY語コレクション

【AM】Aeteno Mushi（＝あえての無視）

かくさこん【格差婚】 収入や地位に差があるもの同士の結婚。「あんな格差婚でうまくいくのだろうか」。補注 女優・藤原紀香さんとお笑い芸人・陣内智則さんの結婚(その後、離婚)以降、女性のポジションが上のカップルに対して使われることが多くなった。

かのぼ【カノぼ】 彼女募集中。類 カレぼ

かれせん【カレ専】 (年を取った人や、自分よりもかなり年上の)枯れた人を好むこと。また、その人。類 チビ専、デブ専

きたはら 「枯れた人専科」の省略。年配者はお金を持っているし、わがままを優しく受け入れてくれる。ということで、女の子にとっては都合がよく人気があるらしい。それにしても、中年の男性を枯れた人と呼ぶのはいかがなものか。

かれぼ【カレぼ】 彼氏募集中。類 カノぼ

きょうちゅう【教中】 「教室の中心で、愛を叫ぶ」の略。教室のまん中で告白する罰ゲームのこと。「わー、やばい、負けたー」「よし、お前、教中だかんなー」。類 廊中(＝廊下の中心)、運中(＝運動場の中心) 補注 二〇〇一年に刊行されたベストセラー『世界の中心で、愛を叫ぶ』(片山恭一)が、「セカチュー」と略されたことのもじり。

最新KY語コレクション
【AS】 **A**eteno **S**uruu(＝あえてのスルー)

ぎらつく【ギラつく】 好きになる。ひと目惚れする。「うち、まぢで○○くんにギラついてる」。

きんきょりれんあい【近距離恋愛】 （幼なじみなど）身近な存在の人に恋をしている こと。「ようやく近距離恋愛をしている自分に気づいた」。

クリフォー （主に女性が）クリスマスを同性四人で過ごすこと。「あぁ、今年もまたクリフォーですか」。

きたはら 二〇〇八年流行語大賞に輝いた「アラフォー」はaround fourtyの略で、四十歳前後の女性のこと。この語の「フォー」はfourtyの略で、まったく違った「フォー」だが、楽しくもわびしいところは共通している。

げきこく【激告】 本気中の本気、死んでもいいくらいの覚悟でする告白。「あの人は彼女に激告された」。

けしアド【消しアド】 携帯電話から別れた恋人のアドレスを消去すること。❖忘れたいときに使う。反ラブアド

けなしあい【貶し愛】

愛ゆえに悪く言ってしまうこと。一見ひど

最新KY語コレクション
【ASS】Akirametara Shiai Shuuryou
（＝あきらめたら試合終了）

いことを言っているようだが、その奥には愛がある。❖「貶し合い」のもじり。本当に悪意があるのではなく、歪んだ愛情表現の一種。

けんがい【圏外】 恋愛対象外であること。「ごめん、悪いけどまぢ圏外だから」。

こいかぜ【恋風】 心の中で「恋が来るよー」と吹いている風。また、それにともなうふわふわとした気持ち。「猛烈な恋風」。

こいたま【恋球】 高校球児に対する恋愛感情。「丸刈り好きが昂《こう》じて恋球が始まった」。[関連] 園ギャル

こいとも【恋友】 ともに恋をし、互いの恋を応援し合う友だち。「恋友と同じ人を好きになってしまった」。

こげきゅん【焦げキュン】 体やハートが焦げるほど好きになり、胸が締めつけられること。「すっかりあいつに焦げキュンだ」。❖ただの「胸キュン」よりも程度が高い。

こそアド

こっそりメールアドレスを交換すること。「おい、こそアドしてたのかよ。抜け駆けだー」。[関連] 赤《せき》る [補注] 携帯電話間での赤外線通信の普及にともない急増した。

最新KY語コレクション

【AT】 **A**natatowa **T**igaundesu（＝あなたとは違うんです）

このタイ【好タイ】 好みの異性のタイプ。

ささるぅ 恋に落ちる。「超カッコよかったー。まぢ、ささるぅ」。

さずかりこん【授かり婚】 子どもを授かったのを機にする結婚。「授かり婚が最近は増えている」。回できちゃった婚

きたはら 「できちゃった婚」も「授かり婚」も言い訳。お腹の子どもは、できちゃったのでも、授かったのでもなく、二人が作ったものだ。「できちゃった」の方が、失敗を認める気持ちが感じられて、まだかわいらしかった。そう、「うっちゃり婚(＝女性が三十歳のぎりぎり手前で結婚できたこと)」という結婚もある。

シーラカンス 人生において、一度も男女交際をしたことのない人。

しつばな【失話】 失恋話。類密話

しぼる【シボる】 彼女がいるヤツを囲み、質問責めにし、出会った方法や相手の名前、学校などを白状させる。さらに、別れるように追い込む。「あいつ彼女できたらしいから、シボるか」。❖男子校で使われる。

しゅんぼれ【瞬惚れ】 ひと目見たときから心を惹かれること。ひと目惚れよりも短い

最新KY語コレクション
【AY】Ase Yabai(＝汗ヤバい)

時間で好きになること。「瞬惚れの大半は勘違いだ」。類イチキュン、秒殺

せきる【赤る】 赤外線通信を使って携帯アドレスを交換する。「ほら、みんなに気づかれないうちに赤ろうよ」。関連こそアド

きたはら　「赤外線」の「赤」だから「せき」と読まないと言葉にならない。新しい電子機器の普及によって誕生した言葉。前掲の「こそアド」は「こっそりメールアドレス」の省略だが、この語の方が赤裸々な新語。

そうしあいあい【相思愛愛】 お互いに相手のことが好きで、仲よしなさま。「うちら相思愛愛だよねー」。❖「相思相愛」よりも思いが強く、男女間で使われることが多い。

たいようこう【太陽光】 好きな人に対しての熱い視線。「彼に太陽光を送られて落ちない女はいないだろう」。

たらし【タラし】 人一倍異性を好むこと。また、その人。「俺のタラしっぷりは父親譲りだ」。

ちきゅうおんだんか【地球温暖化】 地球の温度を上げていそうなくらい、アツアツ、ラブラブなカップル。「あんなところで抱き合ってるし。まじで地球温暖化だ」。

最新KY語コレクション
【BM】 **B**iyonse **M**itai（＝ビヨンセみたい）

きたはら こういう時事用語を利用するのが実にうまい。捉え方が大げさなのも若者言葉の一つの特徴。

ちゅープリ【チュープリ】 恋人同士がキスをしながらプリクラを撮ること。また、そのプリクラ。「元カレとのチュープリは早く捨てなさい」。❖チュープリを撮ると別れるというジンクスもある。

ちょくる【チョクる】 会ってすぐに告白する。「昨日うちさ、彼にチョクったんだ」。

ちょめる (男子と女子が)仲よくする。「あいつら、ちょめってるよな」。

ちらがんみ【チラがん見】

(好きな人や気になる人のことを)チラチラ見ているようにみせかけて、実はずっと見つづけること。「彼のことを朝からずっとチラがん見してた」。❖相手に対して大好きビームを送り込んでいる可能性が大。

でカップル【デカップル】 デブとデブのカップル。❖バカとバカのカップルは「バカップル」という。類 メガップル

でんこく【電告】 電話で告白すること。「最近の若者は電告の方がうまくいくんですよ」。類 友告、メル告

最新KY語コレクション
【BP】 BenPi(=便秘)

COLUMN 1

気になる異性の呼び方あれこれ
「〜男」編

若者たちの話題の中心は、やはり気になる異性のこと。かくもたくさんの「○○男」が存在しています。たとえ悪い意味の「○○男」でも、気になりだしたら恋の始まりかも!?

＊＊＊

【シケ男】
座を白けさせる男の人。

【タメ男】
先輩や上司にもタメ口をきく男の人。

【地理男《おちり》】
高校で地理を教えている男の人。

【バリ男】
なんでもかんでも出しゃばってくる男の人。

【ペラ男】
周りを気にせず、ペチャクチャしゃべる男の人。

COLUMN 1

気になる異性の呼び方あれこれ
「〜男」編

【アピ男】 好きな女子の前で、アピールを始める男の人。

【痛男】 見ていられないほど外見の痛々しい男の人。

【乙男】 乙女心を持っている男の人。

【カメ男】 行動や判断が遅い男の人。

【ギャル男】 ギャルのような男の人。

【シャカ男】 イヤフォンから音漏れしている男の人。

【しょげ男】 リストラされたくらい落ち込んでいる男の人。

【貯め男】 貯金が快感になっている男の人。

【タわ男】 タイミングが悪い男の人。

【チャラ男】 チャラチャラして、カッコつけてる男の人。

【つけ男】 やたらとカッコつけている男の人。

【バニ男】 うさぎの耳を付けても似合いそうな男の人。

【ぶり男】 かわいこぶっている男の人。

【ムカ男】 ムダにカッコいい男の人。

【ムシ男】 ムダに渋い男の人

【メタ男】 メタボリックシンドロームらしき男の人。

【ヤサ男】 優しすぎる男の人。

【ロデ男】 女性に振り回されっぱなしの男の人。

どうでん【同電】（気になる異性と）同じ電車に乗り合わせること。「いつも同電するあの子って気になるよね」。

きたはら　「同車」「同乗」「同席」などの語は昔からあったが、「同電」は電車通学が多くなってできた言葉。気になる異性と乗り合わせることにいう場合が多いらしいが、使い方が狭いのは新語の特性。

どきめく【ドキめく】　胸がドキドキするほどにときめく。「あの人、見てるだけですごくドキめいちゃうんだよねぇ」。

ともこく【友告】

自分の代わりに友だちに告白してもらうこと。「友告を頼んだら、そいつと彼女がつきあうことになった」。類 電告、メル告

ともップル【友ップル】　友だち以上に仲がよくて、もはやカップルみたいな関係。親友よりも深い仲。「私とあなたは友ップルの仲だよね」。

トラグる　「トライアングル」の略「トラグル」の動詞化。三角関係になる。「いったんトラグっちゃうと後が面倒くさい」。

最新KY語コレクション
【BP】Bokusaa **P**antsu（＝ボクサーパンツ）

なつこい【夏恋】 いい感じに盛り上がっている恋。アツく燃える恋。「私、夏恋真っ最中！」。類春恋、秋恋、冬恋

にやでれ【にやデレ】 嬉しいことが起きすぎて口元がゆるみ、にやにや、デレデレしている状態。「好きな人から告られたので一日中にやデレです」。

ばかやろーかいさん【バカヤロー解散】 カップルなどのケンカ別れ。「あんなバカ女、こっちからバカヤロー解散してやったよ」。補注 一九五三年、故・吉田茂首相（当時）の「バカヤロー発言」がきっかけとなった、いわゆる「バカヤロー解散」から。

パケがい【パケ買い】 ❶本やゲームを、表紙やパッケージだけを見て買うこと。類ジャケ買い ❷恋人を作るとき、内面よりも外面を重視すること。また、そういう人。「ヤツの新しい彼女、絶対パケ買いに違いない」。

バッキー 恋人に対して束縛のきつい人。「あいつの彼氏、かなりバッキーだからメールとかできないいんだよね」。同束バッキー

はつこい【発恋】 走り出した恋。「それは完全に発恋だよ」。

はってんとじょうこい【発展途上恋】 意中の異性といい関係が築けるかもしれない

最新KY語コレクション
【BS】 **B**okyaburariiga **S**ukunai
（＝ボキャブラリーが少ない）

途中の段階。「やっと同じクラスになったので、これから発展途上恋だわ」。

ハニーじょ【ハニージョ】 彼女の別称。「はーい、ハニージョ。いつもかわいいねー」。❖彼氏が彼女を呼ぶときに使う。

ばりちゅー【バリチュー】 いつでもどこでもキスしている人。「あいつ、バリチューじゃね?」。

はるこい【春恋】 始まったばかりの恋。初恋。純粋な恋。「思い返せばあれが私の春恋だった」。類夏恋、秋恋、冬恋

きたはら 「春」は季節の始まり。寒い冬が明けて、草木が芽吹き、花が咲く。恋の始まりは季節で見れば春しかない。「はつこい(初恋)」と音が近いのもいい。

はれんち【破恋知】 恋に破れて初めて知ること。「この心の痛みこそ、まさに破恋知なのだろう」。

ハンティング カッコいい(かわいい)異性を探して、さまざまなアプローチを試みること。「男なら二四時間ハンティングだぜ」。

ひかるげんじ【惹かる現児】 ❶女遊びが激しい人。「元カレってさー、完璧に惹かる現児でほんとツラかった…」。❷女性に優し

最新KY語コレクション
【CC】Cho Cawaii(=超かわいい)

く、外見も優れているので心を惹かれるような人。「元カレってさー、完璧に惹かる現児でほんと楽しかった…」。

びょうさつ【秒殺】　出会った瞬間に恋に落ちること。「完全に秒殺された」。類イチキュン、瞬惚れ

ピンアポ　二人で会うこと。デート。「うち、これから○○くんとピンアポだしぃ」。❖一人を意味する「ピン」と、約束を意味する「アポイント」の合成語。

ピンクい　女の子から「恋してまーす」のようなオーラが立ちのぼっているさま。

ふうふ【夫婦】　（「～夫婦」の形で用いられ）カップルが作るホームページのタイトルによく使われる言い回し。「山田夫婦っていうホムペ見たことある?」。❖多くが男の方の苗字をとる。

きたはら　「夫婦」は「夫妻」と同じ意味だが、姓名の下に付けるときは「山田夫妻」のように「夫妻」を付け、「山田夫婦」とは言わなかった。ただ、「夫婦」の方がより一般的でよく使われる語なので、「山田夫婦」というような使い方がされるようになったのだろう。同じような例に「夜《よる》ご飯」がある。以前は「夕ご飯」「晩ご

最新KY語コレクション
【CCP】Cun Cun Point（＝キュンキュンポイント）

飯」と言い、「夜ご飯」とは言わなかった。

ふゆこい【冬恋】 恋が終わってしまった状態。終わってしまった恋。「長年つきあった彼にフラれて冬恋状態です」。類 春恋、夏恋、秋恋

ふりにげ【フリ逃げ】 好きでもない人に告白され、どこかに逃げること。「いきなり告られて、フリ逃げしちゃったよ」。

べたぼれック【ベタボレック】 異性に対してベタ惚れの状態。「若井おさむはセイラさんにベタボリックだ」。❖「ベタボ」と略すことも。

べたる【ベタる】 (恋人もしくは親友同士が)仲がよく常に一緒にいる。「最近、相当ベタってるね、あの二人」。

まいしてう 「愛してる」よりももっと愛してる。「まぢ、まいしてうよ」❖舌っ足らずな口調で使われることが多い。

ましょこ【マショ子】 程度の軽い魔性の女の子。

まるいち【マル1】 結婚を一回していること。また、その人。❖二回してる人はマル2。

きたはら 「バツ1」があるのだから、

最新KY語コレクション
【CD】Cho Darui(＝超ダルい)

「マル1」があってもいい。一回結婚していれば、離婚していてもいなくても、「マル1」、一回離婚していても、再婚していれば「マル2」。離婚の回数で数えるよりも結婚の回数で数える方が、前向き、肯定的でいい。

みきる【見斬る】（意中の相手に対して）アイコンタクトだけで自分のことを好きにさせる。目で落とす。「あの子はもう俺に見斬られてるよ」。

みよーなか【ミョー仲】 微妙な関係。（主に男女関係で）くっつきそうでくっつかない仲。「あの二人ってミョー仲で、見てる方がやきもきするよね」。

みれんびと【未恋人】 まだ恋人になっていないが仲のよい男女。また、その状態。「彼らは未恋人だ」。

めがップル【メガップル】 二人ともメガネをかけているカップル。「メガップルってチューするとき邪魔じゃないのかなー」。

類 デカップル

きたはら 「デカップル」「バカップル」「ともップル」など、「カップル」の造語がお好きのようだが、メガネをかけた二人まで言うとは。「メガネ系」「メガネ度」（＊第七章掲載）などという言葉もあり、

最新KY語コレクション
【CS】Chien Syoumei（＝遅延証明）

COLUMN 2

気になる異性の呼び方あれこれ
「〜子、〜女」編

好きな女の子ほど、なぜかいじめてしまいたくなるのが男心。「あいつ、まじで肝子だよなー」とか言っている男子こそ、実はその子が気になっている可能性大！

＊＊＊

【殻子《からこ》】
自分の殻に閉じこもり、他人に心を開かない女の子。

【昭女《しょうじょ》】
昭和時代に生まれた女の人。

【チャバ子】
一人で茶番を繰り広げる女の子。

【まじ女《まじめ》】
一生懸命にものごとに取り組む女の子。

【マショ子】
程度の軽い魔性の女の子。

COLUMN 2

気になる異性の呼び方あれこれ
「～子、～女」編

【運子】 運勢のいい女の子。

【肝子《きもこ》】 かわいくない女の子。

【幸子】 彼氏がいる女の子。

【ジャイ子】 筋肉のつきがよく、ゴツい体をしている女の子。

【ジュン子】 一緒にいると、よく雨が降る女の子。

【ダテ子】 ダテ眼鏡をかけている女の子。

【タラ子】 たらたらと動きの遅い女の子。

【チョシ子】 適当で調子のいい女の子。

【つる女《つるじょ》】 休み時間に鶴ばっかり折っている女の子。

【ナゾ女《なぞめ》】 何を考えているか分からない、謎多き女の子。

【苦虫女】 美人だが、男を寄せつけないカタい性格の女の子。

【のろ嬢】 のろのろとノロケを言い続ける女の子。

【パス子】 容姿や性格に難があり、男子に不人気な女の子。

【パチ子】 よく嘘をつく女の子。

【冷え嬢】 見かけによらず冷たい性格の、クールな女の子。

【平女《へいじょ》】 平成に入ってから生まれた女の子。

【妄女】 妄想を愛する女の子。

【ユメ子】 ぼーっとしている女の子。

恋の新語

若者はメガネに関心が強い。

メルこく【メル告】 会って直接するのではなく、メールで告白すること。類友告、電告

メロる (ある人のことを)とても好きになってしまう。「ねぇ、うちあの人にちょーメロったー」。

もうそうかれし【妄想彼氏】 想像の中だけの恋人。「妄想彼氏に告白されちゃった…ってありえないよね」。

もてき【モテ期】 人生の中で一番モテる時期。「三十歳にしてやっとモテ期が訪れた」。❖人生に三度あるというジンクスがある。

モバかの【モバ彼】 モバゲータウンで知り合ってつきあった彼女。補注モバゲータウンは、㈱DeNAが運営する、携帯電話向けのポータルサイト兼ソーシャル・ネットワーク・サービスのこと。

やきいも【やき妹】 兄の恋愛にやきもちをやく妹。「やき妹は萌え属性だ」。

きたはら 「なるほどねえ」という感じ。兄貴の恋にやきもちをやく妹はたくさんいそうだ。「焼き芋」が連想されて、ほんのり暖かい。

最新KY語コレクション
【CS】Cho Saiaku(=超最悪)

やんでれ【ヤンデレ】 愛のゆえに周りが見えなくなり、どこまでも突っ走る人。主に女性について言うが稀《まれ》に男性の場合もある。❖通常の〝デレ〟状態ならばかわいいのだが、相手のためなら…と平気で犯罪を犯してしまったりするギャップが、(アニメやインターネットなどの)二次元的な世界では受けている。

ゆうれん【友恋】 友だちから恋人になること。またその過程。「彼らは友恋だよね」。

ゆざめ【湯ざめ】 それまでの恋心が、相手の言動によって急激にさめること。「お前、ちょっと湯ざめ早くねぇ?」。

ゆびこい【指恋】

❶好きな人と携帯でメールをやりとりすること。また、その相手に自分の思いを伝えようとすること。❷携帯のメールでのやりとりを重ねるうちに、いつしか恋愛関係に発展すること。❸携帯電話の出会い系サイトなどを通して、メールなどで簡単に告白し、つきあうこと。「指恋は真実の恋ではない」。

きたはら 指で言葉を打つ今の時代ならではの新語。「あなたが嚙《か》んだ小指が痛い」「小指と小指絡ませて」などが懐かしい世代には、親指より小指の恋が連想され、何ともかわいい。しかし、携帯は親指

最新KY語コレクション
【3D】 **D**atte **D**emo **D**ouse(=だって、でも、どうせ)

で打つ。メールの内容も短いだろうし、小指ほど色気はなさそうだ。好きな人とメールのやりとりをしているうちに、恋に発展することをいう。

よっきゅん【ヨッキュン】「欲求不満」の略。性的に欲求不満なこと。「最近ちょっぴりヨッキュンなんだ」。❖かわいい言い回しにすることで、人前で言いやすくなる。

ライヴ「like(=好き)」と「love(=愛)」の中間の微妙な気持ち。友だち以上、恋人未満。「今の気持ちはまだライヴかな」❖好きではあるがまだ気持ちがあやふやなときに使う。

ラブアド 携帯電話に彼氏(または彼女)のアドレスを登録すること。反消しアド

ラブい カップルが仲睦《むつ》まじいさま。「もう三年もつきあってるのに相変わらずラブいなー」。❖周囲があたたかく見守っているカップルに対して使われる。

ラブどっきゅん【らぶどっきゅん】 異性に対して胸がときめくさま。胸うたれるさま。「ラブどっきゅんってキター」。

ラブラブ つきあっているカップルが二人でいちゃつくさま。「いつまで経ってもラブラブな二人」。同ラボラボ、アツアツ

最新KY語コレクション
【DB】 **D**aru**B**issyu(=ダルビッシュ)

ラブラぶ【ラブラ部】 恋愛に熱中したり、誰かを思い、その人のことしか考えられなくなり、勉強や部活などさまざまなことに支障を来している状態。「あたし、ラブラ部に入っちゃうかも…」。

ラボラボ 「ラブラブ」に同じ。

ラポラポ 「ラブラブ」よりもややカジュアルな状態。「ラポラポな仲間といるとリラックスできる」❖友だちどうしにも使える。

リアこい【リア恋】

リアルな恋。「おっかけひと筋だった彼女がついにリア恋に目覚めた」。❖芸能人好きな人が一般の人に恋をしたときに使う。

リクラブ 会社などでスーツを着ている人に恋をしてしまうこと。「リクラブは女子新入社員なら誰しも通る道だ」。❖「リクルートラブ」の略。スーツ姿と普段着とのギャップに惹かれて起きる恋。

りじょ【理女】 理想の女性の略。「あの子、超理女だ」。反気女（＝気持ち悪い女子の略）類理男（＝理想の男子の略）

きたはら　「少女」「長女」「美女」「淑女」「遊女」「侍女」などいろいろな「女」があるが、いずれも上の字で意味がわかる。

最新 KY 語コレクション
【DH】Dekaiga Hayai（＝デカいが早い）

それに対して「理」は「理系の」「理性的な」などを想像させ、「理想の」は思いつかない。この飛躍が若者言葉の一つの特徴だ。

れんあい【恋哀】 心が痛む悲しい恋愛。胸がつまるような恋愛。「十代にこの恋哀はちょっと耐え難い」。

れんかつ【恋活】 「恋愛活動」の略。彼氏・彼女を作るためにさまざまな努力をすること。「化粧、料理、笑顔。これが女子の恋活の必須科目よ」。

きたはら 「就活(=就職活動)」はすでに一般化している。「婚活(=結婚活動)」もかなり広まっている。しかし、「恋活」はまだ新しい。恋愛のための活動というのも前の二つと比べて考えにくい。あまり熱心にするものでもない。

れんぞく【恋続】 恋がずっと続いている様子。「一生恋続するなんて、そんなの幻想じゃやね」。

ロデお【ロデ男】 女性に振り回されっぱなしの男性。❖暴れ馬を乗りこなすロデオから。

最新KY語コレクション
【DH】 DonkiHoote(=ドン・キホーテ)

第二章

「〜る」「〜い」の新語

日本語は、漢語をはじめ、
さまざまな国の言葉を柔軟に取り込んできた。
今、その取り込みの圧倒的な主役は
「〜る」と「〜い」の形。
この二つの形の新語が外来語はおろか、
日本語そのものまで飲み込もうとしている…。

ともかく物凄い省略だ。長い句や語をいとも簡単に省略し、活用語尾の「る」を付けて動詞化し、「い」を付けて形容詞化する。

「アドレナリンが分泌《ぶんぴつ》する」を「アドる」、「ディスリスペクト(＝軽蔑)する」を「ディスる」、「土手で青春を満喫する」を「土手る」、「ニキビができる」を「ニキる」、「キャラクター(＝性格)が印象深い」を「キャラい」、「脂肪が多い」を「しぼい」というように省略する。これだけ省略部分が大きいと、なかなかもとの形に結びつけることができない。

動詞句の目的語をいきなり動詞化する。「あだ名を付ける」を「アダる」、「コミックを読む」を「コミる」、「鯖を読む」を「サバる」、「シャワーを浴びる」を「シャびる」などだが、初めの二例でいえば、「あだ名」や「コミック」を「アダ」「コミ」と省略するだけでも相当な無理があるのに、それに「る」や「い」を付けて、それを目的語とする動詞句全体の略語としている。

句の中間を大きく省略するものも多い。たとえば、「駄々をこねる」を「ダネる」、「チャンネルを変える」を「チャえる」、「訛《なま》りながらしゃべる」を「なべる」、「はしゃいで、じゃれる」を「はじゃる」、「ほっぺたが落ちる」を「ほちる」、「ボーッとブラブラする」を「ボブる」などだが、省略があまりにも大きく、もとの形と離れていて、すぐには意味が理解できない。

ただ、見方を変えて、省略とかもとの形とかを考えずに、「チャえる」と「かえる」とを並べてみると、一般のものごとを変えるのは「かえる」で、テレビのチャンネルを変えるのは、「チャえる」だという類音にして類義の関係が認められ、この新語はそういうところに着目して造られたのかもしれない。同様に、「ダネる」は「こねる」の、「なべる」は「しゃべる」の類音類義、あるいは、もじりという関係が見えてくる。

言葉の前部、前半を省略するものがある。省略は中間や後部、後半を省略するのが普通で、前部、前半を省略することは少ない。そして、前部、前半を省略すると、もとの形との関係が分かりにくくなる。たとえば、「金槌《かなづち》である」を「ヅチる」、「出発《しゅっぱつ》する」を「パツる」、「趣き深い」を「ブカい」などと省略する類だが、三例とも語頭が濁音、半濁音になっていて、もとの語の後半から始まるものであることを示しているのは、よく考えられた省略ではある。しかし、「づち」は簡単に「かなづち」につながらないし、「ぱつ」もなかなか「しゅっぱつ」につながらない。「ぶかい」も「慈悲深い」「嫉妬深い」「執念深い」など「～ぶかい」という言葉はいろいろあって、「趣き」だけに結びつくものではない。

漢語を動詞化、形容詞化する例は、少数ながら、「装束《そうぞ》く」「乞食《こじ》く」「りょうる（＝料理する）」「執念《しゅうね》し」など、昔からあった。「目論《もくろ》む」「鬱陶《うっとう》しい」「非道《ひど》い」などは現在でも使われている。

しかし、近年の若者は際限なく造る。「かそる（過疎）」「ざつる（雑）」「しきる（四季）」「じちょる（自重）」「だきょる（妥協）」「ちぼる（知謀）」（「知恵をしぼる」の略かも）「ちょきる（直帰）」「ばつる（閥）」「ほじょる（補助）」「もそる（妄想）」「しぼい（脂肪）」「せばる（旋盤）」「だつる（脱）」「てつい（鉄）」「めどい（面倒）」などだ。興味深いことに、動詞の場合、いずれも「～る」の形で、「～く」などの形は少ない。

人名など固有名詞を動詞化する例も多い。「ヴィトる（⇧ルイ・ヴィトン）」「コロンブる（⇧コロンブス）」「ピノる（⇧ピノッキオ）」「ベトる（⇧ベートーベン）」「ペリる（ペリー）」などは外国人名、日本人名には「ニノる（二宮金次郎）」「セミマる（蟬丸）」などがある。『みんなで国語辞典！』にも「与謝野る（⇧与謝野晶子）」や「フランシスコ・ザビエーる」などを載せた。

オノマトペの省略形に「る」や「い」を付けるものも多い。たとえば、「ちゃぽる（⇧ちゃぽちゃぽ)」「ねちる(⇧ねちねち)」「バチる(⇧ばちばち)」「ハヒる(⇧はーはー、ひーひー)」「ピコる(⇧ぴこぴこ)」「モグる(⇧もぐもぐ)」「クシャい(⇧くしゃくしゃ)」「チクい(⇧ちくちく)」「ねちょい(⇧ねちょねちょ)」「パサい(⇧ぱさぱさ)」などだ。

以上、本章に収載した言葉をいくつかのパターンに分類してみた。このパターンからはずれる言葉もあるし、このパターンに該当する言葉で挙げなかったものも多い。「〜る」「〜い」の新語はたくさんあり、『みんなで国語辞典!』にも、「オケる(=カラオケをする)」「ガスる(=ガストで食事をする)」「きょどる(=挙動不審な行動をする)」「化粧《けしょ》る(=化粧をする)」「ダボい(=だぼだぼしている)」「パソる(=パソコンを使う)」「チャラい(=ちゃらちゃらしている)」「なつい(=懐かしい)」「ビミョい(=微妙だ)」「プロい(=プロのようだ)」「ラブい(=かわいい)」などのほか、多数の言葉を収載した。

動詞は動作性の意味を持つ語に「する」を付けて造るのが一般だ。ところが、最近の若者言葉では、動作性には関係のない人名や、長い句の一部に「る」を付けて動詞を造ってしまう。動詞の活用語尾には、他に「〜く」「〜す」「〜ぶ」「〜む」などいろいろあるが、新語では「〜る」が圧倒的に多い。

形容詞は簡単に造ることができないもので、その代わりに、状態的な意味の語に「だ」を付けて形容動詞を造るというのが一般のやり方だ。そして「大人しい」「馬鹿々々しい」「勇ましい」「輝かしい」「腹立たしい」のように名詞や動詞を形容詞化するときや、「くだくだしい」「けばけばしい」「苦々しい」のように重ね言葉を形容詞化する場合には、「～しい」（文語のシク活用）の形にするのが普通だ。それは語幹になる「大人」とか「勇む」「くだくだ」の独立性が強いので、形容詞として一語化する力のより強い「～い」という形にはしないで、「語幹＋しい」の形にするからなのだが、最近の若者言葉では、どんどん「～い」（文語のク活用）の形の形容詞を造っている。それどころか、「ややこしい」を「ややい」に変えるなど、もともとある「～しい」の形を「～い」の形に変えたりしている。ともかく、驚くべき造語力だ。

❷
日本語の省略法を超えた一文字略語。

【パ】
「中途半端」の略。❖人に対して批判的に使われることが多い。「おまえパじゃん」

本書にも【きよぶた】「清水の舞台から飛び降りる」の略（p193）、【ときとば】（p211）「時と場合」の略、などを載せていますが、これを超える省略語はありません。

※第一回「もっと明鏡」大賞の応募作品より

あだる【アダる】 （親しい人に）あだ名を付ける。

アドる アドレナリンが分泌《ぶんぴつ》され、思った以上にテンションが上がる。「自分でもあそこまでアドるとは思わなかったよ」。

アピる

❶（人に対して）自分を表現する。アピールする。❷（①のうち、特に異性に）自分の魅力を見せつける。「かなりアピってるよねー」。関連 アピ男

あむる【暗る】 （表面上は仲よくしているにもかかわらず）陰ではののしったり悪口を言う。「あの人の暗りようときたら、とんでもないわね」。

あわい【泡い】 泡のようにほわほわしているさま。「生クリームの泡い舌触りがたまらない」。

イングる 日本語を何でも英語にしてしまう。❖英語を習いたての年ごろによく見られる。

きたはら　こういう、外来語を省略して動詞化する言葉の造り方は、「デモる（デモンストレーションする）」「アジる（アジテーションする）」など昔からあった。

最新KY語コレクション
【DK】Deko Kayui（＝でこ、かゆい）

しかし、動作を表す言葉の省略が主だった。若者言葉では、後出の「シクる（シークレットにする）」「ポジる（ポジションをとる）」なども同様だが、動作を表さない英語も動詞化する。

ウィキる オンライン百科事典ウィキペディア（＝Wikipedia）で調べる。「知らない言葉はとりあえずウィキろう」。

ヴィトる ブランドものばかりを身につける。「彼女はヴィトってるけど実は貧乏だよ」。

うじる【ウジる】 ウジウジする。「ちょっと叱られるとすぐにウジってしまう」。

うにる （酷使しすぎて）脳味噌がうにのようにとろけたような感覚に陥《おち》いる。「テストが難しすぎてうにった」。

うばる【姥る】 著しく老け込む。「母は定年とともに姥ってきた」。

うらる【裏る】 コンタクトレンズが、眼球の裏側にずれたのでは、と感じるくらいずれる。「目をこすり過ぎて裏った」。

えきドる【駅ドる】 最寄り駅のマクドナルドに行く。「部活も終わったし駅ドってか

「〜る」「〜い」の新語

最新KY語コレクション
【DKB】Dokusyo Kansou Bun（＝読書感想文）

ら帰るかー」。

エボる　進化する。「おっ、パーマかけたんだ。日々、エボってるねー」。❖「evolution（＝進化）」から。

おげしい【オゲしい】　大げさでリアクションが激しい。「ちょっと転んだくらいでギャーギャー、オゲしいぞ」。

きたはら　「おおげさ」を「おげ」と略すのはすごい省略だ。これを形容詞化するのなら、「い」を付けて「おおげい」とすればよさそうなものだが、それは実は造れない。現代語では、「げ」のようなエ列音で終わる語幹の形容詞は類例がないのだ。（昔はあった。「あまねし」「繁《しげ》し」「猛《たけ》し」など）。その法則に従っている。それに、「はげしい」と音構造が似ているということもあって、「おげしい」という形容詞が造られたものか。

おぱる【オパる】　胸がくっつくくらいに人と密着する。「今朝、電車でサラリーマンとオパっちゃったー。萎《な》える」。

かそる【過疎る】

❶何かの中に、ある物が少ない状態になる。「本棚の中が過疎ってる」。❷（主に中年男性の）髪の毛が薄くなる。「三十過ぎてか

最新KY語コレクション
【DKI】DeKIai＝（＝溺愛）

ら見事に過疎ってきた」。❸(インターネット上の掲示板などに)書き込む人が減る。「今ごろあの芸人のスレッドは過疎っているに違いない」。派過疎地

がたる【ガタる】 ❶テンションがガタ落ちする。「先生に怒られた後はみんなガタる」。❷(テストの点数などの)数値が以前と比べて急激に下がる。

かちる【カチる】 ゲームのスイッチを入れる。「早くカチりたいけど、宿題がなかなか終わらない」。

がちる【ガチる】 ものごとに本気で取り組む。「インターハイに向けて練習ガチるぞ!」。

かにる つばを飛ばすくらい一所懸命話す。

がぶる【ガブる】 ジュースなどを勢いよく飲む。ガブ飲みする。「この暑さじゃガブりたくもなる」。

かべる【壁る】 (壁のように)ぼさーっと突っ立つ。「さっきからひと言も口をきかずに壁りっぱなしだ」。

ぎこる【ギコる】 ぎこちなくなる。「大舞台で緊張のあまりギコってしまった」。

最新KY語コレクション
【DKTG】 **D**onto **K**oi **T**youjou **G**ensyou
(＝ドンとこい超常現象)

ぎとる【ギトる】（油のギトギト感から）必要以上に仲よくする。「あの二人、完全にギトってるな」。

ギブる ものごとをあきらめる。「この宿題はもうギブるしかなぃ」。❖「give up（＝あきらめる）」から。

ぎゃくる【逆る】 服や靴の左右や前後、もしくは裏表などを反対に着てしまう。❖自然にこうなってしまった場合にのみ使われる

キャラい キャラクター（性格）が印象深い。「見た目からしてキャラいやつ」。

ぎょぎょる【ギョギョる】 びっくりする。驚く。「そこまでギョギョるような話でもあるまい」。

きわい【キワい】 ❶気持ちが悪く、卑猥《ひわい》なさま。「何あれ、キワぃー」❖言われたときのダメージは、ウザい⇩キモい⇩キワいの順に大きい。❷気持ちは悪いがかわいいさま。「なにあの犬、キワい系〜」❖「キモ可愛い」よりも気持ち悪さが若干勝っている

きたはら 「きわ」というと、「際立つ」「際やか」などが連想されるが、これはまったく違って、「キモ可愛い」の省略形らしい。「きわい」が「際立っているさま」という意味なら、なるほどとも思うが、

最新KY語コレクション

【DM】Daibu Muri（＝だいぶ無理）

「き」は「気持ち悪い」の略、「わ」は「かわいい」の略というのではついてゆけない。

ぐさる【グサる】 グサっとくる。「今の言葉、かなりグサったよ」。

くしゃい【クシャい】 クシャクシャになっているさま。「一度にあれこれ言われて頭の中がクシャくなっている」。

くすい くすぐったい。「ひゃー、わきの下はくすいからやめてー」。

ぐだる【グダる】 ものごとが思い通りに進まず、方向性が曖昧《あいまい》になる。「今日の作業はほとんどグダってたよねぇ」。

ぐねる【グネる】

❶甘える。しつこく頼み込む。わがままを言う。❖小さい子どもが体をグネグネとくねらせて甘える様子から。❷捻挫《ねんざ》する。「あかん、足首グネってもうた」。

くまる【隈る】 夜更かしする。「宿題が終わんなくって隈った」。❖寝不足になると目の下に隈ができることから。

グもい【グモい】 グロくてキモい。

最新KY語コレクション
【DNB】DaiNiBotan（＝第2ボタン）

くらる【クラる】（恥ずかしい思い出や、思い出したくない品物を）滅多に見ないところに片づける。「この写真クラっとかないとマズい」。❖「お蔵にする」から。

きたはら 成句も短い単語にしてしまう。後出の「サバる（＝サバを読む）」もそうだし、「ギブる（＝give up する）」のように英語でも単語にしてしまう。若者言葉のたくましさだ。

げそる【ゲソる】 気分が滅入る。「毎日イヤなことばかりでゲソる」。❖「ゲッソリする」から。

ゲトる ゲットする。手に入れる。「夢はでっかくアカデミー賞をゲトることだ」。

けむる【ケムる】（煙に紛《まぎ》れるように）姿を消す。「都合が悪くなると、すぐにケムってしまう」。

こさい【コサい】 焦げ臭い。「おいおい、台所からコサい臭いがするぞ」。

こしょる【腰折る】 話の腰を折る。「せっかくの楽しい会話が腰折られた」。

コミる マンガを読む。

コムる ウィルコム社の携帯電話どうしで通

最新KY語コレクション
【DP】DePpa（＝出っ歯）

話する。❖ウィルコム社の端末間での通話が無料であることから若者に人気がある。

コメる（インターネット上の掲示板やブログなどに）書き込みする。コメントする。❖「コメする」とも。[同]下記する

コロンブる 惜しい勘違いをする。「途中までうまく解けてたのに、最後の最後でコロンブった」。❖イタリアの商人、クリストファー・コロンブスが、発見した大陸（北米大陸）をインドと勘違いしたことから。

きたはら 故事を踏まえた機知に富んだ造語。後掲の「セミマる」「ピノる」「ペリる」なども同じだが、中高生はこういう造語が得意だ。『みんなで国語辞典！』には、「与謝野る」「フランシスコ・ザビエーる」などを載せた。

さくる【削る】 削除する。取り除く。「中傷の書き込みは削っといたから」。

ざつる【雑る】 雑談する。「先生が雑るだけで終わってしまう授業」。

さばる【サバる】 ❶年齢をごまかす。「十歳もサバっているとは気づかなかった」。❖「サバを読む」から。❷ぼーっとする。一点を見つめる。「あまりのショックから完全にサバっている」。❖鯖《さば》は鮮度が落ちやす

最新KY語コレクション
【DSI】Dogenka Sento Ikan（＝どげんかせんといかん）

く、死後すぐに目がドロンとすることから。

さびる【サビる】（カラオケなどで）曲のサビの部分だけを歌う。「よく知らない歌なのでとりあえずサビってみる」。

さらい【サラい】 髪の毛などがサラサラしているさま。「ストレートパーマをかけたので、かなりサラい」。

しきる【四季る】 その季節にあった行事や食べ物で、季節を感じる。「春は花見で四季ろう」。

シクる 秘密にする。「このことは死ぬまでシクるよ」。❖「secret（＝秘密）」から。

じちょる【自重る】 自重する。「前回は失敗したので、今度から自重ります」。

しどる 進路指導室に行く。「今日はしどって調べ物してから帰るわ」。

しぼい 脂肪が多い。「痩《や》せているわりに意外としぼい」。

シャびる シャワーを浴びる。「ダッシュでシャびってくるわー」。❖メールのやり取りをしていて、急いでシャワーを浴びたいと

最新KY語コレクション
【EOS】Emoji OoSugi（＝絵文字多すぎ）

きに使う。ゆっくりお風呂に入る場合は「フロる」となる。

きたはら この語形だと、「シャブ」を動詞化したものと思うのが自然だろう。そうでなくてよかった。それにしても「シャワーを浴びる」の省略形は、思いもつかない省略だ。「フロる（＝風呂に入る）」も、前掲の「しぼい（＝脂肪が多い）」も後掲の「シャモる（＝しゃもじで盛る）」も同様だが。

しゃもる【シャモる】 しゃもじを使ってご飯をよそる。「修学旅行ではシャモる係になった」。

きたはら 「しゃもじ」の「しゃも」の「も」を盛るに言い掛けたもの。単に「しゃも」に「る」を付けて動詞化したというのではなく、「（しゃもじで）盛る」という意味が感じ取れる。「しゃもじ」は「杓子」の「しゃ」に「文字」を付けた女房言葉（類例「か文字（＝髪の「か」）」「は文字（＝恥ずかしいの「は」）」など）で、一度加工されている語。それが気の毒に再加工された。

すかい【スカい】 ❶内容が薄い。行動が拙《つたな》い。「いい年してスカいとは思われたくない」。❷老人っぽい。「うちのじいさんは九十歳を過ぎても全然スカくならない」。❖年をとると骨がスカスカになることから。

最新KY語コレクション
【GAND】 **G**enkiga **A**reba **N**andemo **D**ekiru
（＝元気があれば何でもできる）

COLUMN 3

省略されやすい普段使いの言葉
「〜弁」編

日々繰り返し使う言葉ほど自ずと短く省略されてしまいがちですが、その代表格がお弁当。学生たちのお昼の会話が目に浮かんでくるようです。

＊＊＊

【ゲレ弁】

「ゲレンデ弁当」の略。二段重ねの上段、下段ともに白いご飯が入っている弁当。

【ホモ弁】

（弁当販売チェーン店）「ホットモット」の弁当。

【塾弁】 塾に持っていく弁当。

【連れ弁】 友だちを誘って一緒に食べる弁当。

【とろ弁】 ゆっくりとお弁当を食べること。また、その様子。

【速弁】 高速道路で食べる弁当。

【ビニ弁】 コンビニ弁当。

【貧弁《ひんべん》】 栄養面や彩りに乏しい弁当。

【安弁《やすべん》】 （スーパーなどで）閉店間際に値引きされた弁当。

スパる　スパルタ式に練習する。「秋の大会に向けてスパるからなー」。

すぶる【スブる】　素振りをする。「休まずにスブり続ける」。

すらい　表面的には好きと言いつつも、実は嫌いなさま。「ぶっちゃけ私、彼のことすらいなのよね」。❖「好き」と「きらい」の合成語。

せばる【セバる】　旋盤《せんばん》を使う。「セバってネジを作ろう」。

せぱる【セパる】　切羽詰まる。「テスト中に答えが分からなくなりセパってしまった」。

せみまる【セミマる】　思いもよらない事態に陥る。「あそこで親が帰ってくるとは、相当セミマったよ」。❖百人一首で蝉《せみ》丸の札が出ると手札を場に戻さなくてはならないことから。

だきょる【妥協る】　妥協する。「眠さに負けて朝練を妥協る」。

だくる

運動、スポーツなどで大量に汗をかく。❖

最新KY語コレクション
【GG】GobuGari（＝五分刈り）

汗かきな人のことは「だくり」という。

きたはら 「汗だく」の「だく」を動詞化したもの。この「だく」は、血や汗が激しくわき出して流れるさまを表す「だくだく(と)」の「だく」だが、「汗だく」以外には使われない。(ただし、最近、「つゆだく(=牛丼のつゆが多いこと)」という語が使われている。)このように語の前半(「汗」)を省略して後半(「だく」)を動詞化する造語法は、後掲の「ヅチる(=「金槌」の略)」「パツる(=「出発」の略)」「ブカい(=「趣深い」の略)」など若者言葉の一つの特徴。

ダざる【ダザる】 ダイエットを挫折《ざせつ》する。「ダザってばかりで、生まれてスミマセン」。

だつる【脱る】 脱臼《だっきゅう》する。「外野フライを捕ろうと両手を上げたら脱ってしまった」。

だねる【ダネる】 駄々をこねる。「このゲーム買ってよ、と息子がダネる」。

だむい だるくて眠い。「試験が近づくと無性にだむくなる」。

たらい【タラい】 女ったらしでチャラチャラしているさま。「ああいうタラいやつは

最新KY語コレクション
【GKY】Ganbatterunoni Kuuki Yomenai
(=頑張ってるのに空気読めない)

いつか痛い目にあうに違いない」。

チキる ❶食事中、チキン（鶏肉）が歯と歯の間に挟まる。「若いころは全然チキらなかったのに…」。❷鳥肌が立つ。「素晴らしい演奏に思わずチキった」。❸臆病な行動を取る。日和《ひよ》った発言をする。「土壇場でチキりやがって腰抜けが」。

ちくい【チクい】 チクチクして仕方がない。「薄手のスカートで芝生の上に座っているからチクい」。

ちぼる ❶巧妙に謀《はか》る。「成功の鍵はおまえのちぼり方にかかっている」。❖「知謀」から❷（①から転じて）人を裏切り、陥れる。「あの子はすぐにちぼるから信用しない方がいいよ」。

きたはら 「知謀」などという難しい漢語を自家薬篭《やくろう》中のものとして、動詞化したことに感心。あるいは案外「知恵をしぼる」あたりが語源か。

チャえる テレビのチャンネルを替える。「そんなにチャえってばかりじゃ内容が全然分からないだろう」。

ちゃぽる 飲み物を飲み過ぎて胃の中がちゃぽちゃぽする。「ジュース飲み過ぎてかなりちゃぽってる」。

最新KY語コレクション
【GL】Gaki Level（＝ガキレベル）

ちゃらい【チャラい】 ❶(チャラチャラしていて)見た目に品がない。「チャラいわりには常識的だ」。❷男女交際を同時に複数行っている。「ああいうチャラいやつは、いつか人情沙汰になるぞ」。

ちょきる【チョキる】 (寄り道せずに)直帰する。「今日は家で勉強するからチョキる」。

づちる【ヅチる】 水泳が苦手で溺れる。「私、ヅチっちゃうから水泳嫌だなぁ」。

きたはら 「金槌(かなづち)」の「づち」を動詞化した語。「つち」ではなく連濁形の「づち」であるところが、単なる「槌」ではなく「金槌」につながり、用意周到。ただ、原義は泳ぎができないことで、溺れるという意味は少々ずれる。「金槌」を知らない若者も増えているのだろう。

ツべる 動画投稿サイト「ユーチューブ」(＝YouTube)に投稿する。「この前の画像、ツべっといてー」。❖「YouTube」をカタカナ読みした「ヨウツべ」から。

ディスる (他人を)見下《くだ》す。見下したような言動をとる。「ディスってんじゃねーぞ、おらー」。❖「disrespect」(＝軽蔑《けいべつ》・無礼)から。

最新KY語コレクション
【GP】Geri Pii(＝ゲリピー)

デタフォる（あまりにメールがこないため、少しでも携帯を活用しようと）無駄にデータフォルダを何度も開けて見る。「さびしくてまたデタフォってしまった」。❖見終わった後に無性に悲しみがこみ上げる。

てつい【鉄い】（鉄棒などに触って）手に鉄の臭いがうつったさま。「鉄い臭いは意外とクセになる」。

とげる【棘る】 カリカリする。少し怒る。「生理になると極端に棘る」。

どてる【土手る】

土手で青春を満喫する。「夕陽を背にして思いっきり土手ろう」。❖青春ドラマの舞台に土手が欠かせないことから。

きたはら いいところを捉えている。夕日が似合うのも、そよ風に吹かれるのも土手だ。ただ、場所に「る」を付けて動詞化するのはかなりの飛躍だ。

ドナい 悲しい。やるせない。「冬になると日差しがドナいよなー」。❖童謡『ドナドナ』の悲しい歌詞から。

とのる【殿る】（殿様のように）リーダーシ

最新KY語コレクション
【GS】 **G**enkan **S**emai（＝玄関狭い）

ップをとる。「あいつの殴り方には天性のものがある」。

なぎる【凪る】 はなはだしく白ける。どうしようもないくらい場が気まずくなる。「その瞬間、教室中が凪った」。

なべる なまりながらしゃべる。「最近の田舎の人はあんまりなべっていない」。

にきる【ニキる】 ニキビができる。「そんなに揚げ物ばかり食べてるとニキるぞー」。

にのる【二ノる】 二宮金次郎なみにとにかく勉強する。「明日はテストだから必死で二ノる」。

にぼしい ❶物が乾燥しているさま。「このお刺身は時間が経ってにぼしい」。❷（①から転じて）人間関係が乾いているさま。「彼女とは今、ケンカをしていて関係がにぼしい」。❸年老いているさま。「あの人は若く見えるが実はにぼしい」。

きたはら これだけ意味が多様化しているのだから、かなり広く使われているのだろう。魚の「煮干し」を形容詞化したものか。

にょきる【ニョキる】 延長させる。「解き方は分からないが、三角形の一辺をとりあえ

最新KY語コレクション
【GU】 **G**achide **U**zai（＝ガチでうざい）

ずニョキってみた」。❖「ニョキっと伸ばす」の略。

ねちょい ねばねば、ねちょねちょしているさま。「雨が降ったあとの地面はねちょい」。反 つるい（＝つるつるしているさま）類 ぬちゃい（＝乾く前のボンドのような感触）

ねちる ねちねちとしつこく相手を責める。執拗《しつよう》にねばる。「ねちるにもほどがあるでしょ」。

ねる【ネる】 ❶インターネットを使う。❷2ちゃんねるを見る。

きたはら ❷の「2ちゃんねる」から動詞「ネる」が造られるのは分かるが、❶は「インターネット」から「ネット」⇩「ネる」となったものだとすれば、かなり無理がある。

ばくる 悪事や秘密をみんなの前であばく。暴露する。「何もここでばくらなくてもいいじゃないか…」。

ぱさい【パサい】（パンなどが）パサパサしているさま。「出しっぱなしにしといたら、すっかりパサくなっちゃったよ」。

はじゃる はしゃいで、じゃれる。「はじゃる

最新KY語コレクション
【HB】 **H**aya**B**en（＝早弁）

ときはちゃんと周囲の空気を読もう」。❖合コンなどでこれをやると引かれる。類 しゃしゃる

ばちる【バチる】

（「カタカタ」ではなく「バチバチ」と力強く入力する様子から）コンピューターでタイピングする。「今度の新入社員は力強くバチる」。❖特にネットサーフィンで情報収集している際によく見られる。

ばつる【閥る】 仲のよい友だちを集めてグループを作る。「人間は三人集まれば必ず閥る生き物だ」。

ぱつる【パツる】 出発する。「早くパツんないと乗り遅れるぞー」。

はひる【ハヒる】 辛い物を食べて口がヒリヒリする。「このカレーは辛すぎてハヒる」。❖口の中が熱くなり、ハーハー、ヒーヒーすることから。

ばぶい【バブい】 幼い。子どもっぽい。「いい年してママとか呼ぶのは、ちょっとバブいよね」。

バブる 経済的に豊かになる。「財布の中身がバブる」。

最新KY語コレクション
【HK】Heya Kitanai（＝部屋汚い）

COLUMN 4

省略されやすい普段使いの言葉
「〜勉」編

学生にとって否応なしの必須項目がお勉強。短期集中型の「漬け勉」から、長期計画型の「コツ勉」まで、そのスタイルは十人十色です。

＊＊＊

【激勉《げきべん》】
❶記憶が飛ぶくらい猛勉強すること。❷限界を超えて精神的に追い込まれるまで勉強すること。

【盛（り）勉《もりべん》】
モリモリ勉強すること。

【コツ勉】（テストなどに備えて）コツコツと勉強しておくこと。
【チョコ勉】少しの時間を見つけてチョコっと勉強すること。
【漬け勉】一夜漬けで勉強すること。
【デブ勉】（ガリ勉の逆で）勉強をしないでダラダラしていること。
【逃勉《とうべん》】勉強をせずに遊びに逃げること。
【熱勉】テスト前などに、ものすごい勢いで勉強すること。
【フル勉】テスト勉強を十分にしてある状態。
【レス勉】ファミリーレストランで勉強すること。

はみる【ハミる】（メタボリックシンドロームもしくはその予備軍の人の腹から）肉が少しハミ出る。「あのおじさん、ハミってるでしょ」。

はもい 腹が減って気持ち悪い。「朝飯抜いて体育の授業受けたら、めっちゃはもい」。

ばらい【薔薇い】 ゴージャスなさま。美しく、きらびやかなさま。「あのシャーペン、チョー薔薇ーい!!」。

きたはら バラには清楚なものもあるが、華麗なものが多い。「立てばシャクヤク、座ればボタン、歩く姿はユリの花」などという言葉もあり、それら（あるいは、その省略形）に「い」を付けて同じ意味の語を造ることもできるが、「ばらい」は発音に強い響きがあり、ゴージャスさが感じられる。なお、バラは外来語ではなく、「うばら」の「う」が落ちた和語だ。念のため。

ぴきる（怒るまではいかない程度に）少しキレる。「妹がなかなか謝らないからぴきった」。❖「ぴきーんとくる」から。同プチる

ぴこる【ピコる】 携帯電話やゲームなどのバッテリー残量が少なくなり、ランプが点灯する。「ＰＳＰがピコってますよ！」。

最新KY語コレクション
【H2K】 HiKiKomori（＝引きこもり）

ピノる 嘘をつく。「バレバレなのにピノってんじゃねー」。❖イタリアの童話『ピノッキオの冒険』で、嘘をつくと主人公のピノッキオの鼻が伸びるというエピソードから。

ぶかい【ブカい】 趣《おもむ》き深い。「八幡の町並み、超ブケぇ！」。❖「趣き深い」よりも堅苦しくない言い回し。

きたはら 前半の「趣き」を省略して、後半の「深い」だけで形容詞としたもの。前掲の「づちる」もそうだったが、「ふかい」ではなく、「ぶかい」と連濁の形にしてで「趣き」とのつながりを保っている。ただ、「興味」「感慨」「用心」「慈悲」「欲」などでも「〜ぶかい」となりうる。いろいろに解釈ができてしまうので、「趣き」に固定するのは難しい。

ぶしゅる【ブシュる】 （くしゃみなどにより）霧状のものが口から出る。

ぷちる【プチる】 ❶スイッチなどを押す。「バスの停車ボタンをプチる」。❷（①から転じて）セーブをせずにゲームの電源を切る。「何も知らない母親が突然ゲームをプチってしまった」。❸少し怒る。軽くキレる。「ひょっとして今、プチった？」。回ぴきる

ぺこい【ペコい】 （ソフトボールの球など

最新 KY 語コレクション
【HKM】HatsuKoiga Minoru（＝初恋が実る）

の)空気が少し抜けているさま。「このボール、ペコいよ」。同ぷにょい

べこる【ベコる】 へこむ。落ち込む。「派手にフラれてベコりっぱなし」。

ぺしる ペンでしるしをつける。「教科書の大事なところをぺしるべし」。

ベトる

❶ベートーベンのような寝ぐせがつく。「どうやって寝るとそこまでベトるの?」。❷(ワックスなどでキメているつもりが実は)マヌケな髪型になっている。「高校デビューのつもりが完全にベトっている」。

きたはら 中高生の寝ぐせや髪型に対する興味と関心は強く高い。人名を使ったものには、「与謝野る(=髪が乱れている)」「フランシスコ・ザビエーる(=ハゲている)」などもあるし、「寝ぐる(=寝ぐせがついている)」「ボンバっている(=寝ぐせなどで逆立っている)」などの語もある。❷の「ベト」は「べとべと」「べとつく」などの「べと」か。

へにゃる 疲れて横になる。「期末試験も終わったし、今日は心ゆくまでへにゃるか」。

ぺりる ❶ずうずうしい態度をとる。「社長の

最新KY語コレクション
【HMG】 **H**aruno **M**enkyo **G**assyuku(=春の免許合宿)

息子だから生まれつきペリっている」❷(何かに)固執する。「どんな些細《ささい》なことでもペリる性格」。❖一八五三年、浦賀沖に現れたアメリカ海軍司令官ペリーが強引かつ執拗に開国を迫ったことから。

ほじょる【補助る】 (バスなどで)補助イスに座る。「えーっ、また俺が補助るのかよー。誰か変わってくれー」。

ポジる (主にライブ会場などで)座席や場所を確保する。「今、Aブロックの最前列ポジったよ」。❖「position(=場所)」から。

ほちる ほっぺたが落ちる。「いつもながらこのプリンはほちりそうな美味しさだ」。

ぽちる【ポチる】 インターネット通販などで、購入ボタンをついクリックしてしまう。「見る見る痩せるって言われて、ポチっちゃった」。❖家庭の主婦によく見られる。

ぽによる【ポニョる】 体重が増える。「昨日、食べ放題行ったら、二キロもポニョったー」。❖「太る」よりも愛嬌がある。宮崎駿監督『崖の上のポニョ』の主人公ポニョの体型から。

きたはら 流行をすぐに取り入れるのも若者言葉の特徴。以前なら「ポニョのようになる」というところを「る」を付けて

最新KY語コレクション
【HO】Hitokoto Ooi(=ひと言多い)

動詞化してしまう。前掲の「ペリる」もまったく同様。

ぼぶる【ボブる】（考え事をしながら）ボーッとブラブラする。「今、ボブッてるみたいだけど大丈夫？」。

マニる（特定の事柄に対して）異常なほどの執着心を抱く。また、その事柄に対して詳しい知識を持つ。「いい感じにマニってるよなぁ」。❖「マニアになる」の略。類ヲタる

むしゃる【武者る】（激しい運動などの後に）落ち武者のように髪の毛がボサボサになる。

むしる【ムシる】（梅雨の時期などに）蒸し暑くなる。「今日はめちゃくちゃムシるんだけど」。

めどい 面倒くさい。「勉強、部活、家の手伝い…あー、めどいことばっかりだ」。

めるい【メルい】 メルヘンチックなさま。「いつ見てもメルい服装」。

もぐる【モグる】 モグモグと食べる。「一生懸命モグる様子がかわいらしい」。

もじる【モジる】 緊張してモジモジする。「今日の発表、ちょーモジる」❖「モジモジ

最新KY語コレクション
【HOG】 **H**enji **O**kurete **G**omennasai
（＝返事遅れてごめんなさい）

する」から。

もそる【モソる】
妄想にふける。他のことを考える。ありえないことを想像する。「数学の時間はずっとモソってたんだよねー」。

もやる【モヤる】 興奮により周囲の空気が異様に暑くなる。「テストを返すときはいつも教室中がとてもモヤる」。❖「モヤっとする」から。

やする【ヤスる】 ❶ツメをヤスリでけずる。「お前、ツメ割れてんじゃん!! ヤスれよー」❷(遊びなどで人数が多すぎるときに)数名をメンバーからはずす。「どひゃー、五人しか入れないー! 誰かヤスらなきゃー!」「あたしヤスられよーか?」。❖決して嫌いな人をはずすわけではない。

きたはら 「やすり(鑢)」の語源はよく分からないが、「すり」はこする意の動詞「する」の名詞形だろう。それならば、名詞形「釣り」に「釣る」という動詞があるように、「やする」という動詞を造ってもいい。そういう論理で造られた新語だろう。❶は他のものについても使われるが、ツメが代表的。❷は❶の転。

ややい【ヤヤい】 ややこしい。「屁理屈ばっ

最新KY語コレクション
【HS】 **H**imade **S**hinisou(＝ヒマで死にそう)

かりこねて、ほんまにヤヤいやつやなー」。

ゆずい　痒《ゆか》くてムズムズしているさま。「花粉で目がゆずい」。

よだる【ヨダる】　あまりにたくさん寝過ぎる。「週末ヨダり過ぎたせいでだるい」。❖熟睡中によだれをたらすことから。

ランドる　（ディズニーランドのように）人々がたくさんいて混み合う。「この電車、まぢランドってない？」。

きたはら　場所を動詞化するのは前掲「土手る」と同じ。また、前半の「ディズニー」を省略して「ランド」を動詞化するのは前掲の「づちる」「ぶかい」などと同様の手法。ランドは各地にたくさんあるが、「ディズニーランド」が最も有名で混み合っているから、これで通じるのだろう。

をたる【ヲタる】　何かに興味を持ち、集中して調べる。インターネットで調べ尽くす。「一度ヲタり出すと止まらない性格」。類マニる

最新KY語コレクション
【HT】Hokenshitsu Toukou（＝保健室登校）

第三章

叫びの新語・オノマトペの新語

言葉は不完全で不自由なもの。

伝えたい気持ちを表す適当な言葉が
必ず存在するとは限らない。

そんな欲求不満が産みだしたのが、

「叫びの新語」や「オノマトペの新語」。

人は、喜怒哀楽のとき、感動したとき、驚いたとき、恐いときなど、いろいろな場面で、まず言葉にならない大声を発する。「ああ、これは面白い本だ。」の「ああ」は、感情をそのまま声に出したもので、まだ分化していない表現だ。「これは、面白い本だ。」に至って、説明されるもの(「これ」)と説明するもの(「面白い本だ」)の二元的な表現になる。呼び掛けの「ねえ」や応答の「はい」「いいえ」なども、同様に、何がどうだ、何がどうするというように分化した言い方にはまだなっていない。心の直接的な表現なのだ。こういう言葉は、文法的には感動詞と呼ばれるが、今の若者はこの未分化、未剖《みぼう》の表現を好む。好むというよりも、反射的に声を発し、それで済ませてしまう傾向がある。

「あうあう」は困ったときに、「あうっ」は失敗したときに発する語だという。また、「うぎゃーす」は驚いたときに、「プギャー」は相手を指さして笑うときに発する語で、「うひょっ」はとても嬉しいときに、「うほっ」は興奮して力を込めるときに、そして、「ぶっふぉ」は驚きを隠せないときに、それぞれ発する語だという。しかし、これほど微妙な違いの語形を、実際に使い分けるのはきわめて難しい。

「あぴ」は突然水をかけられたときに発する語だというが、なぜ「あぴ」なのか。「サー」は卓球の福原愛選手が使って有名になった語だが、「やったー」の「たー」の変化したものか。「ちゅーん」「てぇーい」「トゥ」「ぬーん」「はにゃーん」「はひゅぅー」「ひゅーん」などいろいろ収載したが、いずれもどういうときに発する語なのか、さっぱり見当がつかない。

オノマトペ（擬音語・擬態語）も若者言葉に多い。本来、オノマトペは、物音や動物の鳴き声、事物の状態や身振りなどをそれらしい言語音で象徴的に表した語で、その音や状態に近い形をしているのが特徴だ。たとえば、擬音語（擬声語ともいう）は、太鼓の音で、「どんどん」と鳴るのは大きいもの、「とんとん」と鳴るのは小さいものというように、音を写したものだ。擬態語も、たとえば、「ぐにゃぐにゃ」といえば、何となくその状態が分かった気になる。音や状態からの距離が近くまた使い慣れてきて、いかにもそれらしく感じられるようになっている。しかし、若者言葉では、対象の音や状態を写すというよりも、それをどう聞くか、どう見るか、自分の受け取り方に重点が置かれる。だから、いくらでも自由に新語が造られる。

既存のオノマトペがあるのに、少し感じが違うということで語形の微妙に異なる新語を造る。「ちまちま(＝小さくまとまっているさま)」があるのに「ちみちみ」を造り、「のそのそ」「のしのし」があるのに「のすのす」を、「ニヤニヤ」があるのに「ニカニカ」を造る。「ガビガビ(＝肌が荒れているさま。⇧がさがさ)」「ゴルゴル(＝腹が鳴るさま。⇧ごろごろ)」「ぐわんぐわん(＝耳鳴りの響くさま。⇧がんがん)」なども同様だ。

「チャイチャイ(＝軽くイチャイチャしているさま)」は「イチャイチャ」の音順倒置、「びさびさ」は「さびさび(錆々)」の音順倒置だが、前者は「イチャイチャ」よりもかわいらしい感じが強く感じられるし、後者も、もともと「さびさび」という語は存在しないが、錆びているさまをよく表している。勝手に新語を造るのはよろしくないが、これらは傑作だ。

既存のオノマトペを別の意味に使ったものもある。「きょそきょそ(＝細くすっきりまとまっているさま)」「バグバグ(＝怒りの気持ちが抑えられなくなっているさま)」「ブリブリ(＝楽しくてテンションが最高潮になっているさま)」「やみやみ(＝悲しいことがあり忘れられないさま)」などだが、これらには本来の別の意味があり、文脈を与えられても新しい意味の理解には到達することができない。こういうオノマトペは困りものだ。その仲間内に通じるだけで、一般の人には通用しない。新しい語形なら新しい言葉だと思って聞くが、従来使われている語形だと本来のオノマトペとして聞くのが当然だ。

若者言葉のオノマトペで大きな特徴の一つは、二つのオノマトペを組合せた「複合オノマトペ」とでも呼ぶべきものが多いことだ。「かりもふ(＝かりかり＋もふもふ)」「ギラジャラ(＝ギラギラ＋ジャラジャラ)」「グチャパラ(＝グチャグチャ＋パラパラ)」「ずっきんどっきん(＝ずっきんずっきん＋どっきんどっきん)」「ツヤぷる(＝ツヤツヤ＋ぷるぷる)」「はひゅー(＝はーはー＋ひゅーひゅー)」「バリメタ(＝バリバリ＋メタメタ)」などがその例だが、これらは要するに二つの音や状態を一語で表そうとしているものだ。

これはオノマトペに限った特徴ではない。第二章に挙げた形容詞の中にもたくさんあった。たとえば、「オゲしい(＝大げさだ＋激しい)」「キワい(＝気持ち悪い＋卑猥だ／気持ち悪い＋かわいい)」「グモい(＝グロテスクだ＋キモい)」「だむい(＝だるい＋眠い)」などだ。『みんなで国語辞典！』にも、「キモかわいい(キモい＋かわいい)」「ねもじい(＝眠い＋ひもじい)」「バカっこいい(＝バカだ＋カッコいい)」「ブチャかわいい(＝ぶさいくだ＋かわいい)」などを載せている。二つの状態を複合させて一つの形容詞にしている。中には「気持ち悪い＋かわいい」「バカだ＋カッコいい」などのように、相反する状態を複合させたものもある。

なお、本章には、「痛《いた》」「鬼」「激《げき》」「デコ」「盛《も》り」などの造語成分もしくは接頭語も載せた。

❸
現代によみがえった「歴史上(!?)」の言葉。

【与謝野る】《よさのる》
髪がみだれていること。与謝野晶子の『みだれ髪』より。「すごく与謝野ってるよ!?」

本書にも、【セミマる】(p51)、【ペリー来航】(p169)のように、歴史上の人物に由来する言葉が続々と登場しています。

※第一回「もっと明鏡」大賞の応募作品より

あうあう 困った事態や不利な状況に陥《おちい》り、うろたえたときに発する語。「うわー、遅刻だー。あうあう」。

あうっ 失敗したときや、忘れていたことを思い出してショックを受けたときに発する語。「あー、明日の締めきり絶対間に合わねー、あうっ」。

あばばばば 不測の事態に慌《あわ》ててしまい、ひどく焦ったときに思わず口をついて出る語。「そんなこと急に言われても、あばばばば…どうしよう」。

あぴ 急に冷たい水をかけられたときなどに驚いて反射的に発する語。「あぴ、何てことするんだ」。

あわあわ 緊張して地に足が付かないさま。「明日が合格発表だと思うと、急にあわあわしてきたー」。

いた【痛】（言葉の前に付けて）見た目や言動が痛々しいさまを表す。「今どきあの服装は、完全に痛男《いたお》だ」。

うぎゃーす（ネガティブな場面で）とても驚いたときに発する語。「うぎゃーす、財布落としたー」。

きたはら 「う」は発声前に力を込めて

最新KY語コレクション
【HY】Hirouga **Y**abai（＝疲労がヤバい）

出す声、「ぎゃー」は悲鳴。後掲の「うひょっ」「うほっ」との微妙な違い、理解できるような気がする。

うにょうにょ イモムシのような生き物が蠢《うごめ》いているさま。「うわー、この虫すごいうにょうにょしてるー」。

うひょっ （ポジティブな場面で）とても嬉しいときに発する語。「うひょっ、この宝くじ当たってる」。

うほっ （場面を問わず）興奮して力を込めるときに発する語。「うほっ、メッチャいい男！」。

うりうり 勢い込んでいるさま。「もう、適当でいいからうりうりやっちゃってください」。

おしゃっ【オシャッ】 相手に対して敵意をむき出しにするときに発する語。「オシャオシャオシャッ、来いテメー、コノヤロー」。

おに【鬼】

（言葉の前に付けて）ものごとの程度が激しいことを表す。「あいつはこのゲームが鬼強《おにつよ》だ」。

きたはら 「鬼」には、もともと名詞の前

最新KY語コレクション
【IF】 **I**mi **F**umei（＝意味不明）

に付いて、巨大、異形、無慈悲、勇猛などの意味を表す接頭語の用法がある。「鬼げし」「鬼やんま」「鬼ばばあ」「鬼将軍」など。この、普通のものをはるかに越えているという意味から、程度が非常に高いという使い方が出てくる。「超」「バリ」「鬼」の順に程度が高くなるのだそうだ。

がびがび【ガビガビ】（皮膚などの表面が）水気が抜けて滑らかでなくなっているさま。「うわー、頭を一週間洗わなかったらガビガビだ…」。

かりもふ 外はカリッとしているのに中がフワッとしているさま。「メロンパンのかりもふとした食感」。

きそきそ（ゆっくりしている状態から）少し焦りをもって急ぐさま。「時間ないんだからきそきそしなさい」。

ぎゃんぎゃん【ギャンギャン】 ❶激しく大げさなさま。❷若々しく弾けているさま。「ダンシィングクイーンはもっとギャンギャン踊って！」。

きょそきょそ（人や物が）非常に細くすっきりとまとまっているさま。「あの人の後ろ姿はとてもきょそきょそしている」。

最新KY語コレクション
【IFA】 **I**katsui **F**utomomo **A**ishitemasu
（＝いかつい太もも愛してます）

ぎらじゃら【ギラジャラ】 キーホルダーなどがギラギラと光っているさま。「あの子のスクールバッグ、ギラジャラでチョーかわいい」。❖キラキラよりも光り具合が強い。

ぐちゃぱら【グチャパラ】 度を越えて散らかっているさま。「机の上の書類がグチャパラし過ぎていてもとに戻せない」。

ぐわんぐわん 奥底から耳鳴りが響いているさま。「水が入って耳の奥がぐわんぐわんする」。

げき【激】（言葉の前に付けて）ものごとの程度や様子が激しいさまをあらわす。「彼の電話の長さは、激電の域に達している」。

きたはら 「激」には「激震」「激戦」「激論」「激情」など、激しい、強いという意味があるから、それほど新規な言葉ではない。ただ、「電話」には、激しい、強いという属性がないので、「激電」は結びつきに飛躍がある。「激」は多くの場合「劇」とも書くが（「劇薬」「劇毒」のときは「劇」専用）、若者の頭にある漢字は「激」だろう。

こふこふ【コフコフ】 気絶しそうなくらい興奮しているさま。「イケメン俳優を間近で見てコフコフしちゃった」。

最新KY語コレクション
【IK】 **I**ma tsukiatteru **K**areshi（＝今つきあっている彼氏）

ごるごる【ゴルゴル】 ❶お腹が痛いさま。「かき氷を食べすぎてゴルゴルしている」。❷すごいものを見て驚いているさま。「あのホームランは思い出してもゴルゴルする」。❸最悪なことにイライラしているさま。「ったく、あまりの話の長さにゴルゴルしてきた」。❹顔が気持ち悪いさま。「あれだけゴルゴルしてるとやっぱりモテないよな」。

さー【サー】 気合いを入れたり、集中したりしたいときに発する語。「行くわよー、サー!」。❖卓球の福原愛選手が使い始めた。

しかしか【シカシカ】 布きれなどが皮膚にあたって、うっすら痒《ゆか》いさま。「地肌にワイシャツを着るとシカシカする」。

きたはら 一般には「ちくちく」、あるいは「ちかちか」という。一体にオノマトペは変幻自在で、前掲の「ごるごる」にしても、❶は一般には「ごろごろ」だし、❸は「いらいら」。ただ、❷と❹は適当なものが思いつかない。

しぱしぱ

❶目が乾いて痒《ゆか》いさま。「コンタクトレンズが乾いてしぱしぱする」。❷眠くてまぶたが落ちてきそうなさま。「徹夜明けはすんげえしぱしぱする」。

最新KY語コレクション
【IMF】 **I**ma **M**ajide **F**ree（＝今マジでフリー）

ずっきんどっきん すごくどきどきしているさま。「あれはもうずっきんどっきんなるっしょ！」。❖「どきっ」⇩「どきどき」⇩「ずっきんどっきん」の順に程度が増す。

ちみちみ ちまちましているさま。ちょっとずつ。「大した課題じゃないので焦らずちみちみ取り組もう」。

ちゃいちゃい【チャイチャイ】 軽くイチャイチャしているさま。「うわー、あそこの中年カップル、チャイチャイしてるよ」。

きたはら「いちゃいちゃ」の音順をひっくり返したもので、「まいう(⇧うまい)」の類だが、「いちゃいちゃ」のようにイヤらしくなく、とてもかわいらしい言葉になった。

ちゃちゃちゃ 卵かけご飯のこと。「今日の朝ご飯はちゃちゃちゃを食べた」。❖卵をかき混ぜるときに器と箸《はし》がぶつかるチャッチャッという軽快な音から。

ちゅーん 落ち込んだ気分や恥ずかしさを紛《まぎ》らわしたいときに発する語。「先生に注意されたー。ちゅーん」。

ちゅどーん (火薬などが)勢いよく爆発するさま。また、その音を表す語。「これおいしいから食べてみて！ マジちゅどー

最新KY語コレクション
【JJ】Jiga Jisan(＝自画自賛)

COLUMN 5

乱造される接頭表現
「程度が高い・激しい」編

あるものごとが「どれだけすごいのか」を自分の言葉で言い表すのが、昨今の若者流。どれも英語なら「very」のひと言ですんでしまうんですけどね……。

＊＊＊

【ギガンティック】
「ひゃー、ギガンティック難しー」

【メガッサ】
「夕焼けメガッサまぶしいぜ」

以下、すべて、(言葉の前に付けて)ものごとの程度が激しいことを表す言葉。

【えぐ】
「冬の海はえぐ寒いぜ」

【鬼】《おに》
「うわっ、また鬼電だ」

【頑固】《がんこ》
「このせんべいは頑固カタい」

【巨】《きょ》
「今朝はなぜか巨ダルだ」

【激】《げき》
「連日の激電で耳が痛い」

COLUMN 5

乱造される接頭表現
「程度が高い・激しい」編

【てふ】「うちの天井、てふ低い」
＊旧仮名遣いで「ちょう」を「てふ」と表記することから

【テラ】「お前の彼女、テラ美人やん」

【ビシ】「素晴らしいビシ筋だ」

【ぶっちぎ】「さっきのダンスぶっちぎカッコよかった」

【ヘム】「新し髪型がヘムカッコいい」

【めっ】「あの建物めっデカ！」

【竜《りゅう》】「今年の春一番は竜風だなー」

COLUMN 6

乱造される接頭表現
「最高レベル」編

こちらは英語でいうところの「最上級」。「最上」でないことにも乱用気味な感もありますが、使っている本人的には、とにかく最高レベルなのだそうです。

＊＊＊

【神】《かみ》

「彼の指さばきは神すごい」

【マキシマム】

「あの店のスイーツはマキシマムうまい！」

以下、すべて、（言葉の前に付けて）レベルが最高であることを表す言葉。

【ぎゃん】

「あの子ぎゃんかわいい」

【激々】《げきげき》

「今度のテストは、激々つらい」

【サンダー】

「何あれ、サンダーカッコいい…」

【しゃら】

「ったく、しゃらめんどくさい」

COLUMN 6

乱造される接頭表現
「最高レベル」編

【滝《たき》】「実際のところ滝泣《たきなき》しました」

【度肝《どぎも》】「度肝高いフランス料理」

【努す《どす》】「努すムカツクんですけどー」

【ドボルザーク】「彼の演奏はドボルザークうまい」

【ファイヤー】「今年の夏はファイヤー暑いぜ」

【ブリ】「お前にブリ惚れたぜ！」

【ボボリア】「ぶっちゃけ、ボボリアキモいよね」

【マゾ】「何これ、マゾいい感じじゃね？」

【みそ】「くそー、みそくやしいー」

COLUMN 7

乱造される接頭表現「その他もろもろ」編

やたらめったらに使っているようでも、意外とニュアンスが伝わってくる接頭表現の数々。若者たちの言語感覚が如実に表れているとも言えるでしょう。

＊＊＊

【痛《たい》】

(言葉の前に付けて)見た目や言動が痛々しいさまを表す。

「ひえー、痛電を聞かれてしまった」

「彼は痛男の自覚がない」

【カチ】

(言葉の前に付けて)完全に、という意味を表す。

「おいおい、カチ無視かよっ」

【姫《めひ》】

(言葉の前に付けて)女の子らしく、かわいいさまを表す。

「彼女はいつ見ても姫キャラだ」

【盛(り)】

(言葉の前に付けて)量が多いことを表す。

「もう盛り電は勘弁してくれ」

「盛メすぎて、意味が分からない」

COLUMN 7

乱造される接頭表現
「その他もろもろ」編

【メガ】

(言葉の前に付けて)物の大きさがとても大きいさまを表す。

「やっぱ昼飯はメガ弁にかぎる」

【デコ】

(言葉の前に付けて)かわいらしく飾りつけてあるさまを表す。

「彼女からのデコメが楽しみだ」

【縄《わな》】

(言葉の前に付けて)拘束がきつく不自由なさまを表す。

「うちの母親は近所でも有名な縄母《なわはは》だ」

【微《び》】

(言葉の前に付けて)物事の微妙な様子を表す。

「この前買ったスカートはちょっと微丈《びたけ》だった」

【ペチョ】

(言葉の前に付けて)ある状態や評価のレベルが低いさまを表す。

「何あれ、ペチョうざくない?」

ん!!」。

つやぷる【ツヤぷる】（特に女性の）唇がみずみずしく潤っているさま。「あのツヤぷるとした唇に今すぐ吸いつきたい」。

でぃきし【ディキシ】 殴り合いのケンカや格闘技で、相手に打撃を加えるさま。また、その音を表す語。「ディキシ、ディキシ、ディキシ！」。
同 デュクシ

てえーい うきうきと高まった気分を体いっぱいに表現したいときに発する語。「てえーい、むちゃむちゃいい天気じゃねーかー」。

デコ（言葉の前に付けて）かわいらしく飾りつけてあるさまを表す。「彼に送るメールはいつもデコメ」なの。
きたはら 「デコレーション」の省略形。同様の使い方をする語に「姫」があり、こちらの方がよりかわいらしく使われ方も広い。

でゅくし【デュクシ】「ディキシ」に同じ。

でろでろ（どろどろ以上に）粘度が低く原型をとどめていないさま。「レンジで温めす

最新KY語コレクション
【JK】Jaa Kondo（＝じゃあ今度）

ぎてでろでろになってしまった」。

とぅー【トゥー】（戦隊ヒーローなどの登場シーンになぞらえて）テンションを上げるときに発する語。「ちきしょう、まだ負けないぞー、トゥー！」。

とぅるとぅる【トゥルトゥル】 ひどく湿って水っぽいさま。「汗をかきすぎて、腕がトゥルトゥルになっている」。

どかどか【ドカドカ】 見た目だけでは数え切れないほど量が多いさま。「段ボールいっぱいにお菓子がドカドカある」。

ときんときん するどく尖っているさま。「ときんときんするまで鉛筆を削る」。

にかにか【ニカニカ】 含みのある様子で、歯を出して笑うさま。「教頭がニカニカしている顔はとても不吉だ」。

にょにょ【ニヨニヨ】 やや腹黒いニュアンスを含んで笑うさま。「それにしても校長、まったくニヨニヨが止まりませんな」。

にょふっ 背後からいきなり現れるさま。「母親がにょふっと現れたのでかなりビビッた」。

最新KY語コレクション
【JK】Jitaku **K**eibiin（＝自宅警備員）

ぬーん

❶不快な出来事によりテンションが下がったときに思わず発する語。「今日のテストは悲惨だった。ぬーん」。❷空気を読めない言動により座が白けてしまったときに思わず発する語。「布団がふっ飛んだ！」「ぬーん…」。❸心の底からしみじみと感動したときに思わず発する語。「今日も夕陽がきれいだ。ぬーん」。

のすのす ゆっくりと重たげに歩くさま。のしのし。「お相撲さんがのすのす歩いている」。

ばくきゅん【バクきゅん】 心臓が締《し》めつけられ、死にそうなほどどきどきしているさま。「憧れの先輩と十秒以上目があって、もうバクきゅんだよー」。

きたはら 語順を逆にした「きゅんバク（＝胸が苦しくなるほど好きになる）」もある。若者は「きゅん」が好きらしく、「いちキュン（＝ひと目惚れ）」「胸キュン（＝胸がきゅーんとなる）」「姫キュン（＝一瞬ドキッとする）」「ラブどっきゅん（＝異性に対して胸がときめくさま）」などの語もある。また、「欲求不満」のことを「ヨッキュン」といったりもするが、この「キュン」は別。

最新KY語コレクション
【JK】 **J**oshi **K**ouishitsu（＝女子更衣室）

バグバグ ❶怒りの感情が抑えられなくなっているさま。「おれ今マジでバグバグしてるんだけど」。❷物が壊れて用をなさなくなっているさま。「やべー、目覚まし時計がバグバグになってるー」。

はにゃ〜ん

心底和やかで幸せな気分のときに発する語。「彼ったらホントに優しいから、はにゃ〜んってなっちゃうの」。

はひゅう〜 疲れがたまり、ひと息ついたときに発する語。「はひゅう〜、疲れた」。

ばりめた【バリメタ】 バリバリと、メタメタを合わせたくらい程度がすごいさま。「おまえのことがバリメタに好きやねん！」。

ぴーぴー【ピーピー】 やかましく騒ぎ立てるさま。「あいつはどうでもいいことでいっつもピーピーとうるさい」。

びさびさ 触ると手に付きそうなくらいひどく錆《さ》びているさま。「鉄棒のびさびさした感じが懐かしい」。

きたはら 前掲「ちゃいちゃい」と同様「さびさび（錆々）」の音順を倒置したもの。「さびさび」というオノマトペはないが、あったとして、それと比べてもなぜ

最新KY語コレクション
【JM】JoiMan（＝ジョイマン）

か「びさびさ」の方が錆びている感じが強い。

ひゅーん 切ない気持ちにひたりたいときに発する語。「秋になるとつい思い出しちゃうんだよなー。ひゅーん」。

ぷぎゃー【プギャー】 相手を指さして笑うときに発する語。「どうしよう、忘れ物した！」「やばいね、プギャー！」。

ふぐふぐ 怒ってふくれっ面をするようなさま。「そんな些細《ささい》なことでふぐふぐしなさんな」。

ぶっふぉ 驚きを隠せないときに発する語。「あなたがやっているテスト範囲違いますよ」「ぶっふぉ！」。

ふなふな 船が静かに浮かぶほどに波が穏やかなさま。「今日の海はほんとにふなふなしてのどかだね」。

ふにゅう 耳たぶのように感触が柔らかなさま。「ふにゅうっとするまで白玉をこねてください」。

ぶりぶり【ブリブリ】 ものすごく楽しくてテンションが最高潮になっているさま。「酒を飲んで気分がブリブリになる」。

最新KY語コレクション
【3K】Kani Kamarete Kayui（＝蚊に噛まれてかゆい）

きたはら 一般には、腹を立てて機嫌《きげん》の悪いさまをいう。こういうまったく違った使われ方をすると言葉は通じなくなる。特にオノマトペは語形も意味も多様で、理解できないものが多い。

ぽちょん ❶小さくてかわいらしいさま。「幼稚園児がぽちょんといすに座っている」。❷量が少ないさま。「わさびをぽちょんとマグロにのせる」。

ぼふぼふ （クッションや羽毛布団などが）顔をうずめたくなるほど柔らかなさま。「このクッション、ぼふぼふして気持ちいい〜」。

ぼよぼよ【ボヨボヨ】 お腹などがたるんでいるさま。「母は自分のお腹のボヨボヨ状態に危機感を覚えている」。❖「ぷよぷよ」⇩「ぶよぶよ」⇩「ぼよぼよ」の順に弾力がなくなる。

まぎまぎ【マギマギ】 血管が浮き出るほど全身に力が入り、硬直しているさま。「大舞台を前に今までになくマギマギしている」。

まふまふ【マフマフ】 「モフモフ」に同じ。

もきゅもきゅ【モキュモキュ】 ❶嬉しさや緊張により心が躍《おど》るさま。「明日の合コ

最新KY語コレクション
【KB】Kinniku Bastaa（＝筋肉バスター）

ン、すごくモキュモキュする」。❷（かわいらしいものを見て）感情の昂《たか》ぶりにより胸がキュッと締めつけられるさま。「やー、あの犬かわいいー、モキュモキュするー」。

きたはら　「もくもく」あたりをもとにしてできたものか。「キュ」はおそらく「キュン」の略だろう。

もげもげ【モゲモゲ】 やる気がなくダラダラしているさま。「さっきからダルくてずっとモゲモゲしっぱなし…」。

もすもす（食べ物などが）飲み込みづらいほどパサパサしているさま。「この里芋、もすもすしてる…」。

もちゃもちゃ ぐちゃぐちゃ。ごちゃごちゃ。「今日のお弁当、かなりもちゃもちゃしてる」。

もっちー 肌などが白くプニプニしているさま。「うちのお母さんの二の腕はもっちーとして気持ちいい」。

もふもふ

❶ふわふわしたものが塊《かたまり》になっているさま。また、その塊の動くさま。「もふもふとしたかわいい犬」。❷（かわいらしいものなどに対して）心の底から温かい気持ちが湧き上がったときに発する語。「お姉ちゃん

最新KY語コレクション
【KB】Kinpatsu Butayarou（＝金髪ブタ野郎）

ところに赤ちゃんが生まれたの。もふもふ～！」。

きたはら　「もくもく」「もこもこ」「ふかふか」「ふっくら」「ふわふわ」「ふわっ」などの語があるせいか、感じをとてもよく言い表している。我が家の愛犬シーズの毛はまさにこの感触だ。

もぷもぷ　柔らかいものをつっついたり、握ったときに弾力を感じるさま。「この泡すっごいもぷもぷしてるね」。

もり【盛(り)】（言葉の前に付けて）量が多いことを表す。「朝から晩まで一時間おきに盛り電する」、「あまりの盛メでむしろ読みづらい」。

やみやみ　とても悲しいことがあり、忘れられないさま。心が落ち込んでいるさま。「過去の記憶にしばられ、いつもやみやみしている」。

れろれろ【レロレロ】（着古した衣服など）薄くなった生地などの手触りがなめらかなさま。「ジーンズにもかかわらずすっかりレロレロになっている」。

わたわた（周囲からみて挙動不審なほど）焦っているさま。「わたわたしつづけている不審人物」。

最新KY語コレクション
【KB】 **K**oushuu **B**enjo（＝公衆便所）

第四章

もじりの新語

ダジャレに対する世間の目は冷たい。
しかし、どんなに疎まれようとも、
ダジャレはしたたかに生きつづける。
この言葉を「もじる」知的な遊戯（!?）は、
世代の壁を超えて、口の端に上りつづける。

「おじん駄洒落」などといって、年配者の駄洒落を軽蔑するが、若者も結構、語呂合わせ、地口が好きなようだ。「愛煙家」をもじって「愛塩家（＝塩辛い料理が好きな人）」、「西表《いりおもて》山猫」をもじって「裏表山猫（＝裏と表の顔がある人）」、「汚職」をもじって「汚食（＝汚染している食べ物）」、「遣唐使」をもじって「検討師（＝占い師、コンサルタントなど人の将来を検討する人）」、「巧言令色」をもじって「巧言冷食（＝夜遅く帰宅した夫に、妻が言葉を巧みに飾りながら、冷凍食品を手作りと偽って出すこと）」、「粘る」をもじって「寝ばる（＝ギリギリまで寝る）」など枚挙に暇のないほどだ。

中高生らしく、教室で習った言葉をもじったものが多いが、「地味ん党（＝地味な人の集まり。⇧自民党）」「無糖派（＝野菜中心の食生活で糖分を取らないようにしている人。⇧無党派）」など政治関連の言葉をもじったものもある。

「アイスキャンディー（＝貸金業者）」は、「氷菓子」が「高利貸し」と同音であることから、「氷菓子」に相当する英語でいったものだが、ひねりがよく利いている。それほどではないが、「一八《はとお》の悲劇（＝一八歳の現役時に大学受験に失敗すること）」はサッカーW杯の「ドーハの悲劇」を踏まえている。「名負け物（＝派手に宣伝して売り出したがあまり売れずに店の隅にほこりをかぶっている商品）」「紫陽花亭（＝料理の味が最低の飲食店）」などもなかなかの上作だ。「あじさい亭」は実際の店名にも存在し、当該店にとっては迷惑なことだと思うが、固有名詞のもじりには、「オシム（＝惜しいが無理。⇧サッカー日本代表の元監督オシム）」「さむそん（寒いこと。⇧旧約聖書に登場する人の名）」「スミス（＝部屋の隅。⇧英語圏のポピュラーな姓）」「ダルビッシュ（＝だるいさま。⇧プロ野球のダルビッシュ選手）」「キタジマコウスケ（＝激しい睡魔。⇧すごいスイマーの北島康介選手）」「美豚《びとん》（かわいいが太っていること。⇧ルイ・ヴィトン）」「よっこいしょういち（＝よっこらしょ。⇧横井庄一）」などがあり多彩だ。

英語を学習中である中高生らしく英語を取り入れた言葉が多い。中でも言葉の後半を英語にするものが多い。「焦リート（＝焦って慌てている人。焦り＋アスリート）」「アホバイザー（＝阿呆なアドバイザー）」「奇声ラッシュ（＝奇声が連続して起きること。「帰省ラッシュ」のもじり）」「毛荒れスミス（＝髪が非常に乱れている人。ケアレスミスのもじり。スミスは人の姓）」「強引《ごういん》マイウェイ（＝強引に自分のやり方で進むこと。強引＋マイウェイ）」「写メラマン（＝

携帯電話で写真を撮るのが上手な人。写メール＋カメラマン)」「シリコン(＝尻に関して抱いているコンプレックス)」「スカッシュ(＝卓球で、スマッシュしようとして空振りすること。スカッ＋スマッシュ)」「ぜいタクシー(＝歩けるほどの短い距離をタクシーに乗ること。贅沢＋タクシー)」「ぬるくティー(＝ぬるくなったミルクティー)」「のどーピング(＝喉の枯れを防ぐためにカラオケで飲むシロップ入りのメロンソーダ。喉＋ドーピング)」「ペライド(＝薄っぺらなプライド。ぺらぺら＋プライド)」「みっカレー(＝作ってから三日目のカレー。三日＋カレー)」「ムリーム(＝無理な夢。無理＋ドリーム)」「盛《もり》王《おう》GUY(＝髪を高く盛り上げた若い男性。盛王＋GUY。「森鷗外」のもじり)」などだ。

　言葉の前半に英語を取り入れたものもある。「キューティ苦(＝苦しくなるほどキュートなこと。キューティクル＋苦《くる》)」「デリなしー(＝デリカシーがないこと。デリカシー＋なし)」「ノスタル爺(＝昔住んでいた町を懐かしむお爺さん。ノスタルジー＋爺)」「メルへん(＝メールの返信。メール＋返信。「メル(おとぎ話)」のもじり)」「ロリ痛(＝似合っていないロリータファッション。ロリータ＋痛)」などだ。

駄洒落は、つまらない洒落、くだらない洒落という意味だが、洒落のつもりが駄洒落にもなっていないものも多い。しかし、若者が駄洒落をひねり出したりして、言葉遊びを楽しんでいるのは、言葉に対して興味と関心を持ち、挑戦的であることの表れで、悪いことではない。

あいえんか【愛塩家】 塩辛い料理や食べ物が好きな人。「愛塩家と愛煙家はどちらが健康に悪いのだろう」。❖高血圧になりやすい。◎「愛煙家」のもじり

アイスキャンディー 貸金業者。「悪いけどこのアイスキャンディーは甘くないぜ」。❖「アイスキャンディー」＝「氷菓子」から ◎「高利貸し」のもじり。

あくだいかん【アク代官】 鍋で灰汁《あく》を取る係。類鍋奉行 ◎「悪代官」のもじり。

あげあしスト【揚げアシスト】 何かと人の揚げ足を取り、ツッコむ人。「揚げアシストだと嫌われるぞ」。◎「揚げ足」＋「アシスト（＝assist）」

あさめし【浅めし】 時間がなく少量しか食べられなかった食事。「僕の朝飯はいつも浅めしだ」。◎「朝飯」のもじり

あじさいてい【紫陽花亭】 料理の味が最低なこと。また、そういう飲食店。「噂《うわさ》には聞いていたが見事な紫陽花亭だ」。❖食後の感想として用いる。◎「味、最低」のもじり

きたはら 「てい」は付いていなかったが、「あじさい」というソバ屋さんが実在し、さわやかな感じがした。味もあまあま

最新KY語コレクション

【KDDI】 **K**imokute **D**ebui **D**akedo **I**iyatsu
（＝キモくてデブい、だけどいい奴）

あだった。店名はよく考えて付けないと大変なことになる。

あせリート【焦リート】 あまりに焦りすぎて、慌《あわ》てふためいている人。「(試験前に)キャー、私いま超焦リートなんだけどー」。◎「焦り」+「アスリート(＝athlete)」

あほバイザー【アホバイザー】 駄目なアドバイスをする人。◎「アホ」+「アドバイザー(＝adviser)」

あまくだり【甘下り】

退職した高級官僚が、関係のある会社や団体に甘えて天下りすること。◎「天下り」のもじり

きたはら 確かに「天下り」は「甘下り」というところがある。若者はしっかり見ている。

いきりコぶた【イキリコ豚】 イキってるデブ。調子に乗っている、ちょっと太った人。「あいつ最近イキリコ豚やのう」。◎「イベリコ豚」のもじり

いじわる【意地割る】 他人の意地やプライドをいとも簡単に割る。◎「意地悪」のもじり

最新KY語コレクション
【KDDI】Koukou Debut Demo Imaichi
(＝高校デビュー、でもイマイチ)

うらおもてやまねこ【裏表山猫】 表と裏の顔がある人。二重人格。「あの人隠れマニアなんだってー」「へー、裏表山猫じゃん」。◎「西表《いりおもて》山猫」のもじり

えんジェル【¥ジェル】 やたらとお金のかかる女性。「彼女は¥ジェルだから、あいつも大変だよね」。❖彼氏にあれこれねだって金を使わせ、とても天使とは呼べないシロモノ。◎「エンジェル（＝angel）」のもじり

えんスト【鉛スト】 テストなどで答えが分からず鉛筆が止まること。◎「エンスト（＝engine stop）」のもじり

おしむ【オシム】 「惜しいけど無理」の略。「めっちゃオシムだったな～」。❖初めは「ＯＭ」と表現されたが、最近では「オシム」の方が一般的。◎サッカー日本代表元監督「イビチャ・オシム」氏のもじり

おしょく【汚食】

何らかの原因によって汚染してしまっている食べ物。「最近では汚食問題がよくニュースになる」。◎「汚職」のもじり

きたはら 「汚物」「汚水」などがあるから「汚食」という語は不自然ではないが、こんな言葉が造られる社会は怖い。「汚職」と違って「汚食」は生命に関わる。ち

最新KY語コレクション
【KDSN】Koukou Debut Sikirete Nai
（＝高校デビューしきれてない）

なみに、『みんなで国語辞典！』には「おともだち（汚友達）」を載せている。

おちむしゃちょう【落ち武社長】 事業の失敗や、悪質な手法の露見などにより、とことんまで評価や信用の落ちてしまった会社の社長のこと。❖ＩＴ業界などに多い。◎「落ち武者」＋「社長」

おとメン【乙男】 乙女心を持っている男の人。料理、裁縫、化粧、少女マンガなどが大好きで、乙女ちっくな男の人。◎「乙女」＋「男（＝men）」

きたはら 少女マンガの題名とその主人公に由来し、キャラクターはほぼ固定している。男らしさが前提条件だが、スィーツ、キラキラしたもの、少女マンガが大好きなところは女の子的。（俳優の）小池徹平、瀬戸康史のような男だという。お化け嫌い。

おんなまえ【女前】 気前がよく、しっかりとした女の人。「あの子って、ほんま女前やわー」。❖周囲からはアネゴとして慕われていることが多い。◎「男前」のもじり

きたはら 男女共同参画社会だから、「女前」も「色女」「女丈夫」「伊達《だて》女」「女笑い」「女一匹」もあっていい。

ガーリック 痩《や》せていること。また、その人。

最新KY語コレクション
【KG】 **K**aku**G**ari（＝角刈り）

「あのガーリック今にも倒れそうだね」。❖ポジティブなニュアンスでは使われない。◎「ガーリック(＝garlick)」のもじり

かくにんグ【カクニング】 問題集などで答えが分からないときに、先に解答を見て考え方を確認すること。◎「確認」＋「カンニング」

かにかま【カニカマ】

蚊に嚙《か》まれること。また、嚙まれた跡。「ずっと外にいたから、カニカマやー」「めっちゃカニカマやん！」。◎「カニかま(＝カニ風味かまぼこ)」のもじり

きたはら 「蒲鉾」を「かま」と略し、「蟹《かに》」の蒲鉾を「かにかま」というのは分かるが、「嚙まれる」を「かま」と省略するのは珍しい。「花咲か爺《じじい》」の「咲か(せる)」があるくらいで、他に例はない。「かにかま(蟹蒲)」に言い掛けてできた語ではあるが、特殊な省略法として興味深い。

がらおけ【ガラオケ】 流行《はや》っていないカラオケ屋。「あの店はいつでもガラオケだ」。◎「ガラガラ」＋「カラオケ」

きたはら ガラガラのカラオケ。なるほどねぇ。

かるフール【カルフール】 軽くてバカ。「う

最新KY語コレクション
【KK】Kanenara Kaesan（＝金なら返さん）

ちの彼氏、すっごいカルフールなんだけど」。◎「軽い」＋「fool（＝バカ）」補注「カルフール」（＝Carrefour）は二〇〇〇年に日本にも上陸したフランスのスーパーマーケット。

カレーくさい　加齢《かれい》臭が漂っているさま。◎「カレー臭い」のもじり

きせいラッシュ【奇声ラッシュ】❶ある人の発した奇声につられて他の人が奇声を発すること。❷奇声を連続で発すること。◎「帰省ラッシュ」のもじり

きたじまこうすけ【キタジマコウスケ】強烈な睡魔。◎「swimmer（＝水泳選手）」のもじり 補注 北島康介選手は北京オリンピックの金メダリスト。

きたろう【鬼太郎】ものごとの結果などが最低（下の下の下）であること。「テストの点が鬼太郎だった」。◎『ゲゲゲの鬼太郎』（水木しげる）のもじり

キューティくる【キューティ苦】苦しくなるくらいにキュートなこと。「君は今日もキューティ苦だね」。❖人から物まで幅広いものに使う◎「キューティクル（＝cuticle）」のもじり

きょうちょう【胸張】（誇らしいことに対し

最新KY語コレクション
【KK】Keshouga Kebai（＝化粧がケバい）

て)胸を張ること。「息子が優勝したので思いっきり胸張できる」。◎「強調」のもじり

ぎりしゃ【技理社】（授業の科目で）技術と理科と社会。「私立狙いの僕は、技理社の授業には興味がない」。類国理算 ◎「ギリシャ」のもじり

きたはら 国名ギリシャと同音になることからの組合せで、実際にこの三科目を合わせて取り上げる場面は多くないだろう。

キリン【キリン】（授業の科目で）「キリスト教倫理」の略。❖主にミッション系の学校で使われる。◎「麒麟《きりん》」のもじり

けあれスミス【毛荒れスミス】 髪が非常に乱れている人。また、その髪の様子。「なんだよお前の髪型、毛荒れスミスだな」。◎「ケアレスミス（=careless miss）」のもじり

きたはら 髪が乱れているのは「毛荒れ」だけで十分。「スミス」を付けると全然違った意味になる。不注意で髪が乱れていることも多いが、ケアレスミスはまったく別の意味。「スミス」は英語圏の代表的な姓でもある。

ケイン ラーメンのスープが濃い様子。「これ、スープがちょっとケインじゃない？」。◎アクション俳優「ケイン小杉」さんのも

最新 KY 語コレクション
【KK】Kousui **K**usai（＝香水臭い）

じり

げきりん【激臨】 叱られると分かっていながら目上の人に会いに行くこと。「私今から激臨なんだー」。❖逆ギレするかどうかは本人次第。◎「逆鱗《げきりん》」のもじり

けんとうし【検討師】

（占い師やコンサルタントなど）他人の相談事を受けて、成功の是非などを検討する職業。◎「遣唐使」のもじり

ごういんマイウェイ【強引マイウェイ】 無理を承知で自分のやり方を進めること。また、そういう人。◎「ゴーイングマイウェイ（＝going my way）」のもじり

こうげんれいしょく【巧言冷食】 家庭の主婦が、夜遅く帰宅した夫に対して言葉を巧みに飾りながら、冷凍食品を手作りと偽《いつわ》って出すこと。「気づかないふりをしたけど、昨日も巧言冷食されちゃった」。◎「巧言令色」のもじり

きたはら すごい言葉だ。論語の素養と家庭を観察する冷静な目とがないと造れない。子どもはしっかり見ている。共働きの主婦なら仕方ないが、専業にも多くなっているのでは？ 「巧言」があるだけまだましか。

最新KY語コレクション

【KKK】 **K**anari **K**ekkou **K**itemasu（＝かなり結構キテます）

こっくりさん【国里算】 国語、理科、算数（数学）と続く学校の時間割。「今日は週に一度のこっくりさんだ」。類 技理社 ◎「こっくりさん（狐狗狸さん）」のもじり 補注「こっくりさん」は民間の降霊術の一種。机の上に置いた硬貨に複数の人が指を載せ、その硬貨の動きでものごとの可否を占うという方法が代表的だが、世代や地域によって異なる方法もある。

さいれん【災連】 連続して起こる災い。「左足を骨折して松葉杖《づえ》生活を送っていたところ、階段で転倒し、右足を痛めるという災連にあった」。◎「サイレン（＝siren）」のもじり

さむそん 真冬などの気温の低い状態。単に寒いこと。❖主にミニスカートの女性が使う。◎「サムソン（人名）」のもじり 補注 旧約聖書に怪力の持ち主として登場する人物の名前としても有名。

しけん【試嫌】 特に嫌いな科目、分野の試験。◎「試験」のもじり

じみへん【地味変】

目立たないが、実は変であること。「彼の前髪はよく見ると地味変だ」。◎「ジミ・ヘンドリックス」のもじり 補注 アメリカの黒人ロック・ギタリスト。日本では「ジミヘン」という

最新KY語コレクション
【KKN】Kyouno Kosupure Nani（＝今日のコスプレ何？）

ニックネームで親しまれている。

じみんとう【地味ん党】 とても地味な人の集まり。❖いくら集まってても目立つことはない。◎「自民党」のもじり

しゃメラマン【写メラマン】 携帯電話で写真を撮るのがとても上手な人。「あの写メラマンの撮った写真は実物とあまりにも違う」。◎「写メール」＋「カメラマン」

しりコン【シリコン】 「お尻コンプレックス」の略。（大きい、下がっているなど）お尻に対して抱いている何らかのコンプレックス。「ああ見えて、彼女は実はシリコンらしい」。◎「尻」＋「コンプレックス（＝complex）」

しんこきゅう【心呼吸】 心の中からする呼吸。心を落ち着かせるための深呼吸。◎「深呼吸」のもじり

しんこっちょう【身骨腸】 体の内側にあるものの総称。「レントゲン検査で僕の身骨腸が明らかになるはずだ」。◎「真骨頂」のもじり

すかっシュ【スカッシュ】 （卓球で）スマッシュしようとして空振りすること。◎「スカッ（＝空振りの擬音）」＋「スマッシュ」

最新KY語コレクション

【KKY】KaraKuchi Yanou（＝辛口やのう）

すみス【スミス】 部屋の隅のこと。「スミスにごみがたまっている」。◎「スミス(人名)」のもじり 補注「スミス(=Smith)」は英語圏でポピュラーな姓の一つ。

せいじか【政辞家】

突然に総理大臣を辞めてしまう政治家。「二人続けて政辞家とは世も末だ」。◎「政治家」のもじり

きたはら 総理を辞めるのが「政辞」ではなく、政治から身を退くことが「政辞」だが、総理を辞めても政治家を辞める人はいない。それだけ政治生命をかけていないということか。大相撲では横綱の引退は即ち現役からの引退なのに。ちなみに昨今は「変声期」ならぬ「変政期」だ。

せいしゅん【勢旬】 勢いがあり旬であること。また、その時期。「今思えば俺の勢旬は中三だった」。◎「青春」のもじり

ぜいタクシー ワンメーター程度の歩ける距離にもかかわらずタクシーに乗ること。◎「贅沢」+「タクシー」

ぜにがめ【ゼニガメ】 金に関してガメついこと。また、その人。「おどれはゼニガメかー」。◎「銭亀」のもじり

きたはら 「銭にがめつい」の略で、「が

最新KY語コレクション
【KMSK】KariMenkyo SouKoutyu(=仮免許走行中)

め」は「がめつい」の略だろう。「がめつい」は菊田一夫の造語で、昭和三十四、五年に公演された戯曲「がめつい奴」で流行した。「がめ」はスッポンのことで、スッポンが一度くわえたら離さないことから、これに「きつい」「ごっつい」などの「つい」を付けたものという。

たるたるソース　何だか気分が乗らない状態。「この後掃除かー、うーん、たるたるソース！」。◎「タルタルソース」のもじり

ダルビッシュ　疲れた状態。「ちょ～ダルビッシュなんですけど」。❖「マジ」「超」などに続けて、「うわー、今日マジ超ダルビッシュ！」と使われることが多い。同ダルメシアン◎「ダルビッシュ侑選手（北海道日本ハムファイターズ）」のもじり

きたはら　次項の「ダルメシアン」も同様だが、若者は結構疲れている（と感じている）ようで、「だるい」という言葉をよく使う。KY語にも、「DTN（＝だるい・つらい・ねむい）」というのがある。音が通じるだけでこんな使われ方をされて、ダルビッシュ君がかわいそうだ。

ダルメシアン　ダルい状態。「めっちゃダルメシアーン」。❖部分的に繰り返し、「ダルダルメシアン、ダルメシアーン！」と使われることが多い。同ダルビッシュ◎「ダル

最新KY語コレクション
【KN】Keitai Nattemasuyo（＝携帯鳴ってますよ）

メシアン(＝Dalmatian)」のもじり

チキンスキン　鳥肌。◎「チキン(＝chicken)」＋「スキン(＝skin)」

チョーカーフェイス　落書きされた顔。「チョーカーフェイスは修学旅行のみどころの一つだ」。◎「チョーク(＝chalk)」＋「ポーカーフェイス(＝poker face)」

チョーレシーブ　爆笑。「キレのあるギャグに思わずチョーレシーブ」。◎「受ける(＝レシーブ)」から「(ギャグなどが)ウケる」の連想

ちょさくけん【著柵権】　授業中、教科書やノートなどを机の上に立てて柵にし、自分の手元を前から見えないように隠す権利。❖落書きや居眠りを隠すのに用いられる。◎「著作権」のもじり

でかダン【刑事ダン】　警察官が道徳に反すること。また、その警察官。◎「デカダン(＝decadence)／退廃)」のもじり

デリなしー　デリカシーがないこと。また、その人。◎「デリカシー(＝delicacy)」＋「なし」

てんぷら【天ぷら】　❶野球やテニスなどの

最新KY語コレクション
【KN】 **K**oukan **N**ote(＝交換ノート)

球技で、ボールが高く上がってしまった状態。フライ。❷天才でプライドの高い人。「あの人って天ぷらっぽくない?」。◎「天麩羅《てんぷら》」のもじり

とおはのひげき【一八の悲劇】 現役時の大学受験に失敗すること。「勉強しないと一八の悲劇になるぞ」。◎「ドーハの悲劇」のもじり 補注 「ドーハの悲劇」とは、カタールの都市・ドーハで行われた、サッカーW杯アメリカ大会の予選で、ロスタイムにイラクに同点ゴールを決められ、日本代表が予選敗退したこと。

としより【年因り】

制限年齢に達していなかったり、また逆に制限を超えているなどの理由で、目的が達成できないこと。「年因りなので恋人ができない」、「年因りが理由で運転免許が取れない」。◎「年寄り」のもじり

きたはら 「としより」といったら「年寄り(=老人)」のことを思い浮かべるのが普通。しかし、この「としより」はそうではなくて「年に因り」だ。「年が寄る。⇩年寄る」「年を取る。⇩年取る」のように「が」や「を」は省略できるが、「年に因る」の「に」は省略できない。それを省略するから、違和感が生じ若者言葉になるの

最新KY語コレクション

【KO】Korenite Ohiraki(=これにてお開き)

だ。

とんかつ　「とんでもない状況から勝つ」の略。「今日のジャイアンツは完全にとんかつだった」。◎「とんかつ」のもじり

なまけもの【名負け物】　鳴り物入りの広告展開などで売り出されたものの、結局あまり売れずに店の隅に置かれてほこりをかぶっている商品。◎「怠け者」のもじり

にきび【ニキ備】　ニキビになりかけている状態。◎「ニキビ」＋「予備軍」

にゃんにゃこまい【ニャンニャコ舞い】　とても忙しいさま。「朝からずーっとニャンニャコ舞いだよ、とほほ」。◎「猫の手も借りたい」＋「てんてこ舞い」

きたはら　「てんてこ舞い」の「てんてこ」は里《さと》神楽《かぐら》などの太鼓の音。猫とはまったく関係ない。少し意味がずれるが、「猫の手も借りたい」という言葉があるので、その鳴き声の「にゃんにゃん」と入れ替えたら、とてもかわいらしい言葉になったという次第か。

ぬるくティー　「ぬるくなったミルクティー」の略。「熱くもなく、冷たくもない。やっぱり朝はぬるくティーに限るね」。◎「ぬるい」＋「ミルクティー」

最新KY語コレクション
【KS】Kokoro Semai（＝心狭い）

もじりの新語

ねばる【寝ばる】 ギリギリまで起きるのをためらう。「今朝は寝ばったせいで電車に乗り遅れた」。◎「粘る」のもじり

ノスタルじい【ノスタル爺】 かつて住んでいた町を懐かしむお爺さん。また、そういった雰囲気を醸《かも》し出しているお爺さん。「ここのお爺さんは九十才を超えたベテランのノスタル爺だ」。◎「ノスタルジー（＝nostalgia）」のもじり

のどーピング 歌いすぎにより喉が枯れてしまうのを防ぐために、カラオケ屋で飲むシロップ入りのメロンソーダ。◎「喉」＋「ドーピング（＝doping）」

はきけ【掃き気】 掃除をしようという気持ち。「部屋があまりに汚いので掃き気を催してきた」。◎「吐き気」のもじり

きたはら　「け」には「食い気」「粘り気」「混じり気」などいろいろな「け」がある。しかし、「掃き気」はなかった。こういう「け」は歓迎だ。「吐き気」が汚い言葉なのでインパクトが強い。

ばくはつ【爆髪】 寝ぐせなどがついて、もとに戻すのに苦労するような髪の状態。「今朝も豪快に爆髪してるねー」。◎「爆発」のもじり

最新KY語コレクション
【KSK】 **K**iyasuku **S**awaranaide **K**udasai
（＝気安く触らないでください）

はなきん【鼻金】

鼻が高くて金髪の人。外国人。「あっ、向こうから鼻金が来た」。◎「花金（花の金曜日）」のもじり

はなたば【鼻束】 鼻毛が束になってどっさり出ているさま。また、そういう人。「うわっ、見たこともないような鼻束だっ！」。◎「花束」のもじり

ハミングアウト 大事なことをハッキリ言わないさま。また、そういう人。「ハミングアウトする人って、話したいのか話したくないのか不明だよね」◎「ハミング（＝humming）」＋「カミングアウト（coming out）」

びとん【美豚】 かわいいけど太っていること。また、その人。「そんなに食べると美豚になるよ」。◎「ルイ・ヴィトン（＝LOUIS VUITTON）」のもじり

ひなんくんれん【避難訓練】（主に学生が）社会に出る前に、他人からの非難に慣れておくこと。◎「避難訓練」のもじり

ファームラン（野球やソフトボールで）ホームランのように大きな当たりのファアール。◎「ファール」＋「ホームラン」

最新KY語コレクション

【KT】Kyuusyoku Touban（＝給食当番）

ふきでもの【拭き出者】 人の言った意見を拭き消すように、自分の意見を強く押し出す人。「会議はいつも拭き出者のあいつのペースになる」。◎「吹き出物」のもじり

ぶりトニー【ブリトニー】 非常にぶりっこな女の子。◎アメリカ人歌手「ブリトニー・スピアーズ」のもじり

フレンド【腐レンド】 腐女子（ボーイズラブなどの作品を好む女子）どうしの友だち。語り仲間。◎「フレンド（＝friend）」のもじり

ぺらイド【ぺライド】
薄っぺらなプライド。「あそこまでペライドが高いとつきあいづらい」。◎「ぺらぺら」＋「プライド」

ぼういんぼうしょく【忘飲忘食】 飲んだり食べたりしたものを忘れてしまうこと。記憶力の低下を表す。「近頃は忘飲忘食が激しい」。◎「暴飲暴食」のもじり

まじめ【まじ女】 一生懸命にものごとに取り組む女の子。◎「真面目」のもじり

みっカレー 作ってから三日目のカレー。類

最新KY語コレクション
【KUHK】 **K**amiwa **U**suiga **H**igewa **K**oi
（＝髪は薄いがヒゲは濃い）

ふつカレー（作ってから二日目のカレー）

◎「三日」＋「カレー」

きたはら 「みっか」の「か（日）」から「カレー」と続けたもの。たくさん作っておいて何日も食べる家庭が多いのだろうか。この造語法だと「とおカレー」まで大丈夫。

むとうは【無糖派】 野菜中心の食生活を心がけるなど、健康に気を使っている人。◎「無党派」のもじり

むりーム【ムリーム】 叶えられない夢。無理な夢。「玉の輿《こし》に乗りたい…けどムリームだな」◎「無理」＋「ドリーム」

メルへん 「メールの返信」の略。「ごめーん、昨日は寝ちゃってメルヘンできんかったー」。◎「メルヘン（＝Marchen）」のもじり

もうしょび【猛書日】 提出期限に迫られ、宿題などに明け暮れる日。「猛書日が続いたので寝不足だ」◎「猛暑日」のもじり

もりおうガイ【盛王GUY】 整髪料などで髪の毛を高く盛り上げた若い男性。◎「森鷗外」のもじり

よかず【余かず】 余ったおかず。「今日の弁当、余かずをつめただけで手抜きだよ」。◎「おかず」のもじり

最新KY語コレクション

【KY】Kanji **Y**omenai（＝漢字読めない）

よっこいしょういち 立ち上がるときなどに使うかけ声。「あー、疲れたけどそろそろ行くかー。よっこいしょういち」。◎一九七二年にグアムで発見された旧日本兵故「横井庄一」さん(〜一九七七)のもじり

きたはら 「よっこらしょ」と「どっこいしょ」の混交で「よっこいしょ」ができ、それに「(しょ)ういち」が続いて「よっこいしょういち」が完成。横井庄一さんがいなかったらできなかった言葉。

ろうどう【老働】

定年を過ぎた年代の人が、年金だけでは生活をまかえないという理由で働きにでること。◎「労働」のもじり

きたはら 世の中をよく観察している。単に老人が働くことではなく、「年金だけでは生活をまかなえないという理由で」働きに出るというところが鋭い。ただし、老人福祉法では六十五歳以上が老人で、定年を過ぎても老人でない人が多い。

ロミオとウォシュレット 「くさい仲」のたとえ。◎戯曲『ロミオとジュリエット』＋『ウォシュレット』(TOTO社製の洗浄便座一体型便器)

ロリいた【ロリ痛】 あまり似合っていない

最新KY語コレクション
【KY】Koino **Y**amai(＝恋の病)

ロリータファッション。「あのロリ痛っぷりは目も当てられない」。◎「ロリータ（＝lolita）」のもじり

最新 KY 語コレクション
【KYK】Kiyasuku Yobanaide Kudasai
（＝気安く呼ばないでください）

第五章

世相を映した新語

享楽のバブル時代から、
閉塞した現在へと時は移り、
「アッシー」「メッシー」から、
「アラフォー」「おひとり様」へと、
流行語のありようも変わった。いつの時代も
「世相を映す」のが、言葉という鏡――。
明日の言葉はどんな世相を
映し出すことだろうか。

この数年、若者の使う言葉の変化について観察してきたが、まさに言葉も、「世につれ、人につれ」だ。

政治に関する言葉について言えば、二〇〇七年までは、「〇〇チルドレン」「刺客」といった言葉が脚光を浴びていたが、二〇〇八年になると、「アベる（＝嫌なことからあっさり逃げる）」「福田さんモード（＝自分の都合が悪くなり、知らない、聞いていないとシラを切る状態）」「AT（＝「あなたとは違うんです」のKY語）」「チェンそー（＝チェンジ総理。総理が替わること）」「突然変位（＝ある日突然辞任すること）」など総理の目まぐるしい交替に関するものや、アメリカ大統領民主党候補で熱戦を繰り広げた、オバマ、ヒラリー両氏の名前をもじった「オバマ（＝オバさんマニア）の略」「オバマる（＝自分と関係ないものに勝手に関係を付けて愛着を持つ）」「ヒラリーマン（＝平のサラリーマン）」「ペラリー（＝よくしゃべる人）」などが登場した。二〇〇九年も政治に関する新語には事欠かない年になりそうだが、本書の範囲外だ。

社会問題も新語創出の素材になる。原油の未曾有《みぞう》の高騰で「幻油」という言葉が生まれた。偽装が連続してあばかれて、早速、「偽装《ぎ》る（＝ささいなことを偽装する）」という動詞が造られた。「吉兆モード（＝謝っているうちに、だんだん小さな声になり何を言っているか分からなくなること）」「偽装期限（＝偽装がばれるまでの期限）」なども関連した語だ。

環境問題に関心が高まり、「エコハウス」や「エコマーク」は常用の語になっているが、「エコシスト（＝エコに高い関心を持っている人）」という言葉も造られた。しかし、「エコかわ（＝安い値段のかわいいアイテム）」「エコ輪《りん》（＝ガソリンが高いので節約して自転車に乗ること）」などの意味からすると、このエコはエコロジー（ecology　環境）というよりも旅客機の「エコクラス」などのエコノミー（economy　安価な）のほうのものらしい。

国が率先して「メタボリック症候群」を問題にし、国民の関心も高まったが、若者言葉も敏感にこれに反応した。「中《ちゅう》メタ（＝すでにメタボな中学生）」「ブタボリック（＝メタボリックをさらに超えた太り方）」「ヘビメタ（＝重度のメタボ）」「ヘルボ（＝メタボの上に椎間板ヘルニア）」「ホネボリック（＝骨が太くて体が骨張っていること）」「メタチル（＝少しメタボの子ども）」「メタボーイ（＝メタボ予備軍の少年）」「メタ坊ちゃん（＝腹がポッコリ出ていて太っている小学生くらいの子）」「メタポン（＝メタボになりかけの人）」「ヤセボリック（＝痩《や》せすぎている人)」など、こんなものまであるかと思うほど、たくさんの語が造られた。第一章には「ベタボレック(＝べた惚れの状態)」という症候群も載せた。

インフルエンザが流行し、タミフルが注目された。そこで「タミフル(＝錯乱していて正常な判断のできない状態)」という新語。『みんなで国語辞典!』には「ヨンフルエンザ(＝ヨン様によって罹《かか》る風邪)を載せたが、依然として「カンフルエンザ(＝韓国の芸能人にはまること)」は流行中。

テレビ、映画、マンガなどから造られる新語はいつも多い。NHKの大河ドラマ『篤姫』からは早速、「厚姫(＝何でも自分の方に強引に巻き込む厚かましい女性)」が造られた。その他、テレビのドラマやアニメから「アラフォー(＝around40　四十歳前後)」「パトラッシュ(＝もう寝ます)」「ラスカる(＝ブリっ子をする)」なども造られた。「DSI(＝「どげんかせんといかん」のKY語)」「東国《ひがしこく》ばる(＝宮崎へ行く)」「モナる(＝不倫する)」「モンゴる(＝ホームシックになる。身勝手にふるまう)」なども、テレビのワイドショーなどに登場する人の言動からヒントが得られたものだろう。

「鬼太郎袋（＝エチケット袋）」「逆コナン（＝見た目は大人だが中身は子どもの人）」などはマンガからだ。

新語は時代の世相を映す。学生運動の華やかだった一九六〇年代から七〇年代前半には「内ゲバ」「ロックアウト」「ノンポリ」「日和《ひよ》る」などというきな臭い言葉が生まれ、高度成長のひずみが吹き出した八〇年代に入ると、「積み木くずし」「受験戦争」「金妻」などといった、家族のありように関わる言葉が注目を集めた。

その後、「アッシーくん」「ミツグくん」などに代表される軽薄なバブル期を経て、現在は、「フリーター」から「ニート」、「ひきこもり」「ネットカフェ難民」「派遣切り」「年越し派遣村」まで行き着いた。そして最近は「ＫＹ（＝空気読めない）」の時代だ。

ごく最近では、「ＫＹ」を「漢字読めない」という意味にとる人が多くなっているそうで、「ＭＺＹ（＝みぞうゆう）」というＫＹ語も造られている。それはさておき、「ＫＹ（＝空気読めない）」に代表されるように、この数年来、特に若者の世界では、個々人の立場よりも仲間内の場が優先され、その場の空気が読めないと、排除されてしまうという風潮が広がっている。これを個人の立場からすると、人との摩擦を極端に嫌い、常に周囲に気を配りながら生きていかなければならないということになる。社会構造のあり方にも大いに関係することだが、経済不況と合わせて気になるところだ。

❹
記録よりも記憶に残る「一発屋」の言葉。

【オッパッピー】

「オーシャン・パシフィック・ピース」の略。某お笑い芸人の一発ギャグ。

毎回多数寄せられるのが、お笑い芸人の「一発ギャグ」。辞書には載りませんでしたが、懐かしい記憶として残っています。

※第一回「もっと明鏡」大賞の応募作品より

あつひめ【厚姫】 自分に都合のよい方向にものごとを進めるため、迷惑を考えずに周囲を強引に巻き込む厚かましい女性。「同僚に一人厚姫がいるので大変だ」。❖主に陰口として使われる。補注 ＮＨＫ大河ドラマ『篤《あつ》姫《ひめ》』のパロディとして、同じくＮＨＫのバラエティ番組『サラリーマンＮＥＯ』内のキャラクターが人気に。

あべる【アベる】（疲れたことなどを理由に）嫌なことからあっさり逃げる。「じゃあ、今日の部活はアベるから」。

きたはら　安倍総理の突然の辞任は驚きだった。嫌なことからあっさり逃げる代表にされても仕方ないだろう。その後も突然の辞任が続いて、「政辞家」（第四章）「チェンそー」（本章後掲）などという言葉も産まれた。ちなみに、『みんなで国語辞典！』には「アベる（＝勤務はしているが、仕事がなくて暇である。英語の available から）」を載せている。新語はどんどん塗り替えられる。

アラかん【アラ還】 六十歳前後の人。「アラウンド還暦」の略。補注 四十歳を目前に、仕事や結婚に揺れる等身大の女性を描いたドラマ『Arround40』（二〇〇八年・ＴＢＳ系）から生まれた「アラフォー」から。

最新 KY 語コレクション
【KZ】 **K**aitouran **Z**urashita（＝解答欄ずらした）

きたはら 「アラフォー」は二〇〇八年の流行語大賞を受けたが、この語が流行《はや》ると、すぐにこういう言葉が造られる。若者言葉はたくましい。こっちの方がひとひねりされていて上作かもしれない。

ありえんてぃー 不意を突かれたり、想定外の事態が起きて驚いたときに発する語。「抜き打ちテストをしまーす」「ありえんてぃー!」。補注 タレントの木村拓哉さんが人気バラエティ番組『SMAP×SMAP』(フジテレビ系)内のコントで使った言い回しから。

えがる【エガる】 テンパった挙げ句に下品な行動を取る。「彼はエガって警察に逮捕された」❖お笑い芸人・江頭2:50から。

エコかわ 安い値段で手に入るかわいいアイテム。❖値段が安いので地球にも優しい。

きたはら 「エコ‐ツアー」「エコ‐ハウス」「エコ‐マーク」など「エコ」が氾濫《はんらん》しているから、若者にも関心があるのだろう。ただ、次々項の「エコ輪《りん》」もそうだが、値段が安いから地球に優しいというのは飛躍があり、旅客機の「エコ‐クラス」の「エコ」、つまり、「エコノミー」の意味も含ませているようだ。

エコシスト エコにすごく関心を持っていて、かつとても熱心な人。

最新KY語コレクション
【MB】 **M**izu**B**usoku(＝水不足)

エコりん【エコ輪】 ガソリンが高いので節約して自転車に乗ること。「今日の外出はエコ輪にしよう」。

エスブランド【Sブランド】 『ファッションセンターしまむら』の商品。❖どこで買ったのかを尋ねられ、低価格の『しまむら』と正直に答えるのは少し気恥ずかしいので使う。一種のブランド品のようでいい。

おねぇ【おネエ】 女性のようなキャラの男性。完全なオカマではなく、そういうキャラの人にも使う。❖「おネエキャラ」「おネエ系」のような使われ方が多い。補注 おネエ系キャラで美容家のＩＫＫＯさんや、華道家の假屋崎省吾《かりやざきしょうご》さんらが出演していたバラエティ番組『オネエＭＡＮＳ』（日本テレビ系）が人気を博した。

おばマ【オバマ】 ❶「オバさんマニア」の略。中年女性に対して強い興味を持つこと。また、その人。「彼の場合、年上好きというより、もはやオバマだ」。❷「おばさんマーケット」の略。中年女性の市場。

きたはら 二〇〇八年のアメリカ民主党の大統領候補選では、オバマさんとヒラリーさんが熱戦を繰り広げ、日本でも長期間にわたってニュースの中心だった。若者がこの二人の名前を放っておくはずがない。「ヒラリー」は「平のサラリーマ

最新KY語コレクション
【MD】Minichua Dakkusufunto
（＝ミニチュアダックスフント）

ン」のこと。次項の「オバマる」もひとひねりあってなかなかの作。

オバマる 自分と直接関係ないものに、勝手に関係を見出して愛着を持つ。「芸能人の○○が好きなんだ」「それって名前が同じだからオバマってるんでしょ」。補注 福井県小浜市が地域おこしの一環としてオバマ候補（当時）を応援している様子は海外のメディアでも取り上げられた。

かんフルエンザ【カンフルエンザ】 韓国の芸能人にはまること。❖伝染性があり一度かかると当分治らない。

ぎそる （ささいな事柄を）偽装する。「あいつ今、お菓子の数をぎそったよな」。

きたろうぶくろ【鬼太郎袋】 エチケット袋。❖嘔《おう》吐《と》の際に発する声が、漫画『ゲゲゲの鬼太郎』（水木しげる）の「ゲゲゲ」に似ていることから。

きっちょうモード【吉兆モード】 謝っている最中に、だんだん小声になり何を言っているか分からなくなること。また、その状態。「お前、吉兆モードじゃ聞こえねーだろー」。補注 大阪の高級料亭『船場吉兆』（二〇〇八年に廃業）が度重なる不祥事に対して開いた説明会見での社長の受け答えの様子から。

最新KY語コレクション

【MDAF】Munewa Dekaiga Ashiga Futoi
（胸はデカいが足が太い）

ぎゃくコナン【逆コナン】 見た目は大人だが中身が子どもの人。「彼女は年々、逆コナン化している」。❖漫画の『名探偵コナン』（青山剛昌）は見た目は子どもだが頭脳は大人。

きょううぜんせん【狂雨前線】 梅雨のようにシトシト降る雨ではなく、狂ったように激しい降り方をする雨をともなう前線。

きたはら この前線によって降る集中豪雨のことをいう「ゲリラ豪雨」も、二〇〇八年脚光を浴びた。

げんゆ【幻油】 二〇〇八年度のガソリン。❖値段が高く手に入りにくいことから

きたはら 「まぼろし」は実在しないのにあるように見えるもののこと。「幻油」は実在しているが幻のような存在であるというところが違う。もちろん「原油」のもじり。

じこまい【自己米】

❶自給している米。「日本は自己米の量を維持できるのだろうか」。❷「自己中心的な米国」の略。「今回の大統領選挙で自己米が変わることを願う」。

スイーツ 雑誌など、マスコミが謳《うた》っている情報を鵜《う》呑《の》みにしている人。❖洋菓子のこ

最新KY語コレクション
【MG】 MaruGari（＝丸刈り）

とを何でもスイーツと呼びたがることから。

ソフトバンク 予想外の出来事。補注 ソフトバンク社の携帯電話ＣＭシリーズに使われた「予想外です」というセリフから。

タミフル 錯乱していて理解不能な状態。また、そういう状態の人。補注 抗インフルエンザウイルス剤タミフルの服用後、若年層の患者に異常行動が多く発生したことから。

チェンそー【チェンソー】 総理大臣が替わること。「CHANGE総理」の略。「頼むからチェンソーしてほしい」。

きたはら オバマさんは「chnge」と訴えて選挙戦に勝利したが、日本の総理の頻《ひん》繁《ぱん》なチェンジはいただけない。二〇〇八年の漢字は「変」だった。変わることは大事だが、早く変わりすぎるのはよくない。「chain saw」という語に言い掛けた名作だが、こんな語が流行する世の中はご免だ。

ちゅうメタ【中メタ】 すでにメタボな体形の中学生。「うちの兄ちゃん、中メタなんだ…」。補注 メタボリックシンドロームとは内臓脂肪型肥満に、高血圧・高血糖・高脂血症のうち

最新KY語コレクション

【MK】 **M**akkude **K**ataru（＝マックで語る）

二つを合併した状態。二〇〇八年からの特定検診制度では、同症ならびに予備軍に対して特定保健指導が義務付けられ、社会的に大きな関心を集めた。

ちりがみおうじ【ちり紙王子】 いつもポケットティッシュを持ち歩き、みんなにたかられている人。

きたはら 「ハンカチ王子」ならぬ「ちり紙王子」。ハンカチとちり紙では王子の質が全然違う。それにしても、「はにかみ王子」「微笑み王子」から「どんぶり王子」まで、「何々王子」という言葉がたくさん造られた。女性の「何々姫」に対応する。

ディーエスアイ【DSI】 「どげんかせんといかん」(=Dogenka Sento Ikan)の略。

トーキングプア 話題に乏《とぼ》しい人。話はするものの、つまらなく、共感できない人。

きたはら もちろん「ワーキングプア」のもじり。一〇〇年に一度という突然の大不況で、二〇〇八年の年末から年始にかけては「年越し派遣村」ができるなど、「ワーキングプア」の増加が問題になっている。他人事ではない、読書などもせず、知識や教養を豊かにする努力もせずにいると、「トーキングプア」になる心配がある。

最新KY語コレクション

【MK】Mendou Kusai(=面倒くさい)

ドームラン 東京ドームの狭さと空調に後押しされたホームラン。補注 東京ドームは球場内の気圧が低く、ほかの球場よりもホームランが出やすいという俗説がある。それを肯定する選手もいるが、科学的に証明されているわけではない。

とつぜんへんい【突然変位】 ある日、突然に辞任すること。補注 二〇〇六年九月に安倍首相、二〇〇七年に福田首相(いずれも当時)が相次いで突然辞任を表明したことから。

ドピる あやしげな物を食べて体調不良になる。❖「doping(＝ドーピング。競技成績をあげるための薬物使用)」から。

ドリグラ ザ・ドリフターズの人(とりわけ志村けん)が、コントなどのセンスを認めたグラビアアイドル。補注 現在では、人気タレントの優香さんをはじめ多くのアイドルがコントに欠かせない存在となっている。

パトラッシュ 「もう寝ます」の意。❖主にメールのやり取りで使われる。補注 テレビアニメ『フランダースの犬』(フジテレビ系・一九七五)の最終回で、息絶える直前の主人公ネロが愛犬のパトラッシュに向かって言ったセリフ、「何だかとても眠いんだ、パトラッシュ」から。

はらのまわりのポニョ【腹の周りのポニョ】

最新 KY 語コレクション
【MK】Mizugi Kuikomu(＝水着食い込む)

COLUMN 8

IT時代ならではの新語たち
「〜電」編

若者にとって、もはや生活の一部となっているのが携帯電話。コミュニケーションのありようの変化が産んだ新語たちです。

＊＊＊

【一世電《いちよでん》】
一世一代の大事な内容の電話。

【鬼電《おにでん》】
なかなか出ない相手に対して、何度も何度もしつこくかける電話。

【激電《げきでん》】
とても長い電話。

【ごす電】
電話をかけまくること。また、その電話。

【凸電《とつでん》】
（信じられないことを聞いたときに）当事者に直接確認するための電話。

COLUMN 8

IT時代ならではの新語たち
「〜電」編

【長電《ながでん》】
「長電話」の略。

【暇電《ひまでん》】
用件があるわけではないが、特にやることがないためにかける電話。

【本気電《まじでん》】
悩み相談や真剣な内容の電話。

【盛(り)電】
❶電話に出ない相手に何度も着信履歴を残すこと。また、そのための電話。❷複数の相手に立て続けに電話すること。また、その電話。

【闇電《やみでん》】
❶(電話で)居留守を使うこと。また、電話を取り損ねること。❷携帯電話に誰からも電話がかかってこないこと。

COLUMN 9

IT時代ならではの新語たち
「〜メ」編

携帯電話同様、こちらも若者に必須のコミュニケーションツール。「○○メ」という強引な語感が、いかにも最近の省略語といった感じです。

＊＊＊

【痛メ】
痛々しい内容のメール。

【激メ】
感激する内容のメール。

【削メ】《さくめ》
メールを削除すること。

【しかメ】
携帯メールの返事をしかと(＝無視)すること。

【素メ】
絵文字や顔文字が使われていないメール。

【だるメ】

COLUMN 9

IT時代ならではの新語たち
「〜メ」編

もらった相手が返信に困るような無意味なメール。「だる絡みメール」の略。

【直メ】《ちょくめ》
(SNSなどのサイト内のメールではなく)お互いの携帯で直接やりとりするメール。

【デコメ】
「デコレーションメール」の略。

【なりメ】
❶「なりすましメール」の略。他人のメールアドレスを使い、その人になりすまして送ったメール。❷「なりきりメール」の略。特定のキャラクターや役になりきって送るメール。

【はずメ】
(変換ミスなどの)「恥ずかしいメール」の略。

【盛(り)メ】《もりめ》
たくさんメールを送ること。また、そのメール。

メタボリックまではなっていない、そのちょっと手前のお腹の周りの肉の状態。補注 宮崎駿監督作品『崖の上のポニョ』(二〇〇八)から。

ひがしこくばる【東国ばる】 宮崎へ行く。
きたはら 宮崎県の東国原英夫知事(二〇〇七～)はテレビなどマスコミで大活躍。観光客も激増したそうだ。「出張」は「出張り」を音読した和製漢語だが、「出張る」の「ばる」と「東国ばる」の「ばる」が共通するので、出かけて行くの意味がはっきりする。ただ、同知事の行動からすると、むしろ「(忙しいはずなのに)どこにでも出かけて行く」の意味の方が実態に合っているように思われる。

ビヨーンセ とても疲れてダルい状態。「たくさん働いたから、もうビヨーンセ」。❖「びよ～ん」という擬態語の伸びきったさまから。補注 ビヨンセはアメリカの人気シンガーソングライター。

ふくださんモード【福田さんモード】 自分の都合が悪くなり、「そんなこと知らない」「そんなこと聞いてない」とシラを切り始める状態。「あ、こいつまた福田さんモードに入ったよー」。

ぶたボリック【ブタボリック】 メタボリッ

最新 KY 語コレクション
【MMG】Mou **M**aji**G**ire(＝もう、マジギレ)

クをさらに超えた太り方。また、その人。

ヘビメタ
重度のメタボリックシンドローム。また、その人。

ペラリー ❶よくしゃべる人。❷人の秘密を他人にすぐバラす人。補注 二〇〇八年アメリカ大統領選挙の民主党代表候補として立候補したヒラリー・クリントン上院議員から。

ヘルボ メタボリックシンドロームである上に、さらに椎間板《ついかんばん》ヘルニアを患《わずら》っている人。❖自らの脂肪がヘルニアを刺激する黄金コンビ。

ほねボリック【ホネボリック】 骨が太く、体が骨張っていること。「私ってホネボリックだから痩《や》せても分からないのよね」

ほもべん【ホモ弁】 弁当販売チェーン店『ホットモット』の弁当。

マキシマム (言葉の前に付けて)状態や評価が最高に高いレベルであることを表す。「幻のラーメンだけにマキシマム美味《まう》い!」。補注「しょこたん語」(タレント・中川翔子さんが使う「ギザ」「ギガント」などの独特な言葉づかい)に触発されてタレントの櫻井翔さ

最新KY語コレクション
【MOG】Male Okurete Gomen(=メール遅れてごめん)

んが考案。ジャニーズファンを中心に広まった。

メガ（言葉の前に付けて）物の大きさがとても大きいさまを表す。「メガ弁」「メガチャリ」補注「メガ」（=mega）は大きい、一〇〇万倍の、という意味の接頭語。日本では、ファーストフードチェーン・マクドナルドで二〇〇六年から段階的に発売された大型ハンバーガー『メガマック』（二〇〇八年からレギュラーメニュー化）が火付け役となり、メガ食品ブームがおきた。

メタチル 少しメタボリックの子ども。「気の毒にメタチルだ」。

きたはら 「メタボリック-シンドローム」に関する若者言葉は実に多い。メタボは若い人にも増えているので、関心が高いのだろう。

メタぶり【メタブリ】「メタブリッコシンドローム」の略。並み外れてブリっ子なさま。また、その人。

メタボーイ メタボリックシンドローム予備軍の少年。「食べすぎてメタボーイになっちゃったよ」。

メタぼっちゃん【メタ坊ちゃん】 お腹がポッコリしていて太っている小学生くらいの

最新KY語コレクション
【MSA】 **M**otomeyo **S**araba **A**taeraren
（=求めよ、さらば与えられん）

男の子。「あの子はホントにメタ坊ちゃんやな～」。❖悪い意味ではなく、愛らしさを込めて用いられる。

メタポン　メタボリックシンドロームになりかけの人。

モナる　不倫する。[補注]二〇〇六年に民主党政調会長代理（当時）の細野豪志《ごうし》衆議院議員と、二〇〇八年にプロ野球読売巨人軍（当時）二岡智宏《ともひろ》選手と、それぞれ不倫疑惑が報じられたフリーアナウンサーの山本モナさんから。

モンゴる　❶ホームシックになる。「実家を離れて一週間でモンゴってしまった」❷身勝手にふるまう。[補注]大相撲の横綱朝青龍《あさしょうりゅう》が二〇〇七年夏場所後に、相撲協会に無断で帰国したことに端を発する一連の騒動から。

モンペ

「モンスターペアレンツ」の略。自分の子どものことを思うあまりに周囲が見えなくなっている、異常なまでの親バカ。❖クレーマーになることが多い。

きたはら　いま学校を悩ませている「モンスターペアレンツ」。子どもたちはそれをしっかり見ている。その略語「モンペ」は、今ははく人が少なくなったが言葉は生きている「もんぺ」と同音。受け入

最新KY語コレクション
【MSM】 **M**akotoni **S**uima**M**een
（＝まことに、すいまめーん）

れやすく覚えやすい。「モンスターチルドレン」は「モンチ」という。

やせボリック【ヤセボリック】 痩《や》せすぎている人。「この芸人はどちらもヤセボリックだね」。

やにーズ【ヤニーズ】 喫煙所などでタバコを拾う若い集団。❖喫煙所のことを『ヤニーズ事務所』と呼ぶこともある。

ラスカる （自分をかわいく見せようと）他人に向けて甘い声を出す。ブリっ子をする。「気づけ男子！　あいつはラスカっているだけだ」。補注 テレビアニメ『あらいぐまラスカル』（フジテレビ系・一九七七）から。

最新KY語コレクション
【MSM】 **M**eccha **S**hiroi **M**ochihada
（＝めっちゃ白いもち肌）

第六章

なぞらえた新語

何かにたとえて説明すると、
理解がしやすくなる。
予期せぬ相似点が浮かび上がることや、
逆に、真意を曲解されることもある。
何かを何かに「なぞらえる」ことは、
難しいが楽しい言語行為。

ものごとを何かにたとえて説明すると、とても分かりやすくなることがある。はっきりと理解していないものごとをよく分かっているものごとになぞらえることで、理解が鮮明になる。たとえにはそういう効果がある。また、あるものごとを他のものごとにたとえて、その関係を味わうことは言葉遊びとしても楽しい。

ともかく、若者はなぞらえることが大好きだ。本章以外の章にも、「なぞらえた新語」はたくさん収載したが、本章では、それ以外のものをまとめて取り上げる。

容貌関係の言葉が非常に多い。まず頭髪に関するものだが、これについては、これまでの章にも、「過疎る（＝髪の毛が薄くなる）」「サラい（＝髪の毛などがサラサラしている）」（以上第二章）「毛荒れスミス（＝髪が非常に乱れている人）」「爆髪（＝寝ぐせがひどくてもとに戻せないような髪）」「盛王ＧＵＹ（＝整髪料で髪を高く盛り上げた若い男性）」（以上第四章）などを掲載したし、次の第七章にも、「イケピカ（＝顔はカッコいいのに、頭がハゲている人）」「イチクロ（＝一時期だけ髪の毛を黒くすること）」「キンパ（＝金髪に染めた髪）」「ケビン（＝「毛がなくて不憫」の略）」「盛り師（＝髪の毛を大きく見せることを仕事にしている人）」などを収載している。

また、『みんなで国語辞典！』には、「与謝野る（＝髪が乱れている。与謝野晶子『みだれ髪』から）」「肩すれ（＝髪の毛の長さが肩スレスレに短いこと）」「寝ぐる（＝寝ぐせがついている）」「レイゴ（＝髪を五厘刈りにすること）」「市松（＝前髪をまっすぐパッツンパッツンに切ること）」「ヤン毛（＝後頭部の髪の毛）」「しっパーマ（＝失敗したパーマ）」「Mの悲劇（＝おでこの生え際がM字にハゲ上がること）」などの言葉を採録した。

本章に収載したものは、何かになぞらえた言葉だが、ここにも、「過疎地（＝髪の毛が抜け落ちた後頭部）」「カリフラワー（＝モサモサした天然パーマ）」「収穫する（＝バリカンで頭を刈る）」「のり弁（＝髪の毛がぺちゃんと頭にひっついているさま）」「パトラ（＝前髪がパッツンなこと）」「ヤマンバ（＝非常に寝ぐせがついているさま）」「ラモす（＝髪の毛を増やす）」など多くの言葉がある。以上、若者が、頭髪の状態に異常に高い関心を持っていることが知られる。

顔については、「いちご鼻（＝毛穴が汚れ黒ずんでいる鼻）」「オフサイド（＝鼻毛が少し出ているさま）」「黒カモメ（＝眉毛が黒くつながりかけているさま）」「シンクロ（＝メークが濃い人)」「スクランブル交差点顔(＝シワが縦横複雑に交差した顔)」「マスクメロン(＝顔に血管を浮立てて激しく憤っているさま)」「まろ(＝眉毛がない、あるいは薄いこと)」「メジャーリーガー(＝目の下の隈がメジャー級に黒い人)」などと、これもまた多彩だ。

顔や肌の色についても関心が高い。「黒豆(＝背が低くて色が黒い人)」「茶豆(＝ほどよく日に焼けた人)」「天サロ(＝太陽で自然に体を日焼けさせること)」「こげる(＝部活などで日焼けして黒くなる)」などがある。「天サロ」は天然サロンの略で、以前から日焼けサロンのことを略して「日《ひ》サロ」と言っていたものを踏まえたもの。

服装、身なりに関しても、「うどん(＝体操着などのズボンに付いているウエスト調整ヒモ)」「お花畑(＝制汗スプレーを使用した残り香)」「ザビっている(＝セーラー服などの襟が立っている。フランシスコ・ザビエルの服装から)」「バンビ(＝ヒールが八の字に曲がって、不安定な状態で歩いている女性)」「姫(＝ピンクや白で、フリルやレースをあしらうなどかわいい格好)」などを収載した。

人の状態、様子、あるいはそういう状態にある人に関するものも多い。「エアポケット(＝ぼーっとしているさま）」「お経（＝音楽を聞きながら小さく口ずさむこと）」「会計係（＝食事などをおごってくれる人）」「事務員（＝携帯電話の留守電サービスで流れるアナウンスの人）」「閣下（＝怒りっぽい上司、先輩）」「カメ男（＝行動や判断の遅い男）」「自宅警備員（＝引きこもり）」「鯉のぼり症（＝他人の意見に流されやすいさま）」などがある。

人と人との仲を表す言葉は昔から「犬猿の仲」「管鮑《かんぽう》の交わり」などがあり、次章には「清紫の仲（＝清少納言と紫式部のように、いつも密かに競い合っている関係）」という言葉を載せたが、この章には「金魚仲（＝いつまでも一緒にいられる友だち）」「ハブマンの仲（前世でハブとマングースだったかのようにまったく気が合わない仲）」などを載せた。

人名になぞらえたものには、「シンデレラ（＝門限や終電を気にする人）」「純一（＝石田純一のように、靴下を履いていない人）」「パトラ（＝クレオパトラのように、前髪がパッツンな人）」「福田首相（＝決定打のない人）」「ペリー（＝ペリー来航のように、突然やってきて驚かされることから、月経）」「光秀（＝前触れのない裏切り行為）」「みつをの字（＝あいだみつをの書いた字のように、癖があって判読不能な文字）」「メロス（＝メロスのように、自分の信念が強く一所懸命で、周りにかけている迷惑に気づかない人）」「モナる（＝モナ・リザのように、真意の分からない微笑みを浮かべる）」「ラモす（＝サッカーのラモス選手のように、髪の毛を増やす）」などがあり、前掲の「ザビっている」もザビエルに基づいている。「福田首相」や「ラモす」は当人が注目される存在でなくなり、古い言葉になりつつある。「モナる」もここしばらくは第五章に挙げた山本モナの「モナる（＝不倫する）」の方が優勢だろう。

できのいい言葉を挙げるとすれば、「貝塚（＝机の上などが手のつけられないほど散らかっているさま）」「蝉（＝寿命が短いこと）」「プルート（＝除け者にされること。太陽系の惑星から除外された冥王星から）」「ソーメン（＝相手の発言を聞き流すこと）」「円周率（＝話などが終わりが見えないほど長いこと）」「バンジィ（＝会話がオチきらないこと）」などだろうか。

若者言葉には、過激な誇大表現によるものが多い。本章に載せたものでは、「殉職（＝使い古して愛用していたものが壊れること）」「地雷（＝気になっていることを他人に指摘され怒りが爆発すること）」「遭難する（＝しばらく授業を聞いていなかったため、授業で今何をやっているか分からなくなる）」「ダム崩壊（＝お腹が痛く排便の我慢が限界に近いさま）」「チョモランマ盛り(=ご飯を高く盛りつけること)」「着陸(=飲み過ぎて完全に眠ってしまったさま)」「樹海(=絶体絶命の状況)」などだ。

若者は、概して、語彙が貧弱で、文が長く続かない。伝えたい内容に対して言葉を十分に尽くすことができないので、勢い強調した表現をしたくなる。「すごく」「みんなが」などを不必要なところに多用することが以前から気になっているが、「超」「激」「鬼」「神」「ガチ」などの強調の表現を多用することも、これと通底するものだろう。

最初にも述べたように、なぞらえた新語は他の章にもたくさん挙げた。特に第四章「もじりの新語」に収載した例の中には、そのままなぞらえた新語といっていいものが多い。若者言葉には、もじったり、たとえたりするものが実に多い。

近年の若者言葉では、「ていうか、わたし的には無理なんだけどー、みたいな…」のように、本来必要のないところに「みたいな」を用いて断定することを避けたり、「学校とか行って、友だちとかに会って…」のように、「とか」を多用して、それ以外に行く所や会う人があるような言い方をしたりする。また、ファミレスなどでは、カレーライスしか注文していないのに、「カレーライスの方、お持ちしました」などと言う。

言い方をぼかし、遠回しに言って、断定することを避けるのが近年の傾向だ。このような、逃げ、ぼかしの表現は、相手への思いやりや気遣いによるものなのか、あるいは自信のなさの表れなのか、おそらくその両方なのだろうが、もじったり、なぞらえたりして、表現を間接的なものにすることと軌を一にするものだろう。

たとえるのは、ものごとの一面についてだ。たとえば、「夏場のそうめん」は、飽きがくること、のたとえに使われているが、冷たくておいしい、喉ごしが最高だ、など別の側面もある。「北京空」は、予想ができないこと、先が霞んでよく見えないさまのたとえだとされているが、私の頭の中には、むしろ青く高く澄み渡った秋の空の印象がある。最近の北京空の実態はもちろんよく承知しているが。

「日本海」は気性の激しい人のことのたとえとされているが、日本海の近くに生まれ育った私には、あまりぴったりこない。たしかに怒涛逆巻《さかま》く冬の海もあり、多くの人にはこの印象が強いのだろう。しかし、「ひねもすのたりのたりかな」の春の海もある。高校時代の新学期に何回もそういう春の海辺に遊んだ私には、穏やかな印象の方がむしろ強い。

あるものごとを他のものごとにたとえるのは難しいことで、共通理解が得られなければそれまでだ。しかし、それだけにぴったりとしたうまいたとえができたときの喜びは大きい。若者たちは、その喜びや楽しさを求めて、新語造りに励むのだろう。

あがる【足軽】

❶剣道で、はかまと胴着の両方を忘れて、体操服の上に胴と垂れを付けている人。また、その格好。❷大したことない、レベルが低いさま。「俺、そっちの方は足軽なもんで…」。

あまつき【雨月】　(雨の夜に出ている月から転じて)ありえないこと。「あいつの言うことはいつも雨月だ」。

いざかやのちゅうしゃじょう【居酒屋の駐車場】　必要のないもののたとえ。「あの課長は会社にとって居酒屋の駐車場みたいなものだ」。類トイレの一〇〇ワット

きたはら　街からはずれた郊外に大きな駐車場を備えた飲み屋がある。帰りは代車屋を利用するのか、仲間の一人が飲まないで運転するということがあるのか、飲酒運転を承知の上なのか、などいろいろ考えてみるが、それにしてもあんなに広い駐車場は必要ない。

いちごばな【いちご鼻】　毛穴に汚れがたまり、黒ずみが目立つ状態の鼻。❖毛穴の様子が、いちごの種の部分に似ていることから。

うさへん【うさ返】　うさぎのように早いメ

最新KY語コレクション
【MZY】MiZouYuu(＝みぞうゆう)

ールの返信。「今送ったのに、うさ返じゃねえ？」。反亀返、亀レス

きたはら 電子機器のこの時代、うさぎはそんなに足が速いとは思われないが、「もしもし亀よ亀さんよ」の亀に比べれば速い。うさぎと亀は速さ比べのセットだ。

うどん 体操着などのズボンに付いているウエスト調整ヒモ。

エアポケット ぼーっとしていて、気持ちが遠くに行っている状態。「あっ、エアポケットに入ってた…」。補注 本来は、飛行機などが下降気流によって急激に揚《よう》力を失う空域のこと。

えんしゅうりつ【円周率】 とにかく長いもの。終わりが見えないほど長いこと。「校長の話、まじで円周率」。

きたはら 円周率は何ケタも続いて終わらない。そういう数字は3分の1にしろルート2にしろいくらでもあるが、やはり円周率が一番語呂《ごろ》がよく落ち着く。

おうどう【王道】 当たり前。「こういう結果になるのはある意味王道だよね」。

オートリバース 同じような話を何回もすること。また、そういう人。長々と同じ話を繰

最新KY語コレクション

【NB】Naisu Badii（＝ナイスバディ）

り返す人。補注 本来は、テープレコーダーなどで片面の再生が終わると自動的にもう片面が再生される機能のこと。

おきょう【お経】 (Ipodなどで)音楽を聞きながら小さく口ずさむこと。「さっきから隣の男のお経がブックサうるさいんですけど」。

おはなばたけ【お花畑】 制汗スプレーを大量に使用した後の残り香。❖夏になると急増し、その多くはフローラルの香り。

オフサイド

鼻毛が少し出ている状態。また、その鼻毛。❖ともに「ギリギリの飛び出し」であることから。

かいけいがかり【会計係】 食事などをおごってくれる人。

かいづか【貝塚】 (机の上などが)手のつけようもないほど散らかっている状態。

かくに【角煮】 体格がすごくよいこと。また、その人。「あれ、またずいぶんと角煮っぽくなったんじゃないっすか」。❖「角煮

最新KY語コレクション
【NH】 NaruHaya(=なる早)

系」とも。

かそち【過疎地】（主に中年男性などの）毛髪が抜け落ちた後頭部。「過疎地は隔世《かくせい》遺伝ってホント？」。

かっか【閣下】❶怒りっぽい上司、先輩、身分の高い人。❖名前の下に付けて○○閣下などと使われることもある。❷自己中心的で、自分に酔っている男子。「閣下がまた踊っているよ」。

きたはら ❶はすぐにカッカとなるからだろう。「閣下」という以上目上の人でなければならない。❷も自己中心的にカッカと燃えていることからか。

かみかぜ【神風】明らかな無理にあえて挑戦すること。「一夜漬けでテストに神風する」。

かめあし【亀足】努力すること。ゆっくり前へ進んで行くこと。

きたはら うさぎと比べて（比べなくても）、亀は歩みが遅い。しかし、確実に進んでゴールする。次項の「カメ男」も信頼のできる男かもしれない。

かめお【カメ男】行動や判断が遅い男の人。

カリフラワー もさもさした天然パーマ。

最新KY語コレクション
【NPP】 **N**inoude **P**uru**P**uru（＝二の腕プルプル）

ぎょうむよう【業務用】 常識はずれに大きいこと。「僕の心は業務用だよ」。

きんぎょなか【金魚仲】 いつまでも一緒にいられる友だち。❖「金魚のフン」から。

きたはら 金魚どうしは特別仲がよいわけではない。人やものごとが切れずに長くつながっていることをたとえていう「金魚の糞《ふん》」から造られたもの。「金魚仲」はきれいな言葉だが、「糞」に気づくと美しさ半減。

くいかけ【食いかけ】 テストが時間内に全部解答できなかったこと。「日本史のテストは、めっちゃ食いかけやったわー」。

くろかもめ【黒カモメ】 眉《まゆ》毛が黒く、つながりかけている様子。また、そのような人。「S君って、黒カモメだよね」。

くろまめ【黒まめ】 背が小さくて色が黒い人。

ゲレべん【ゲレ弁】 「ゲレンデ弁当」の略。二段重ねの上段、下段ともに白いご飯が入っている弁当。

こいのぼりしょう【鯉のぼり症】 他人の意

最新KY語コレクション

【NS】 **N**essiyasuku **S**ameyasui（＝熱しやすく、さめやすい）

見に流されやすいこと。❖風に吹かれてなびく鯉のぼりのさまから。

こげる 部活などで日焼けしつづけて色が黒くなる。「まじ、こげたー」。

ザビってる

セーラー服などの襟《えり》が立っているさま。❖肖像《しょうぞう》画に描かれたフランシスコ・ザビエルが着ている外套《がいとう》の襟が立っていることから。

ししゃもあし【ししゃも足】 スポーツなどにより、鍛えられてししゃものような形になったふくらはぎ。「あの子、超ししゃも足！」。

きたはら 焼く前のシシャモの腹はほっそりぷっくりとしていて、鍛えられたふくらはぎのたとえにぴったり。ちなみに、足の形をいう言葉としては「大根足」が断然有名。「練馬足」ともいい、練馬大根が太くて不格好のことから、そういう形の女性の足をいう。しかし、最近聞いた練馬の農家の人の話では、本来の練馬大根は長くてほっそりとしていて、「大根足」は細くてスマートな足のことをいったそうだ。

じたくけいびいん【自宅警備員】 引きこも

最新KY語コレクション
【NSK】 **N**anto **S**uityou**K**en（＝南斗水鳥拳）

り。「彼は自宅警備員をやっているらしい」。❖引きこもっている様子を、自宅で勤務し、二十四時間体制で家庭内の警備をする警備員になぞらえたもの。主に夜勤が多く、定期的にコンビニと家の間のパトロールを行ったり、インターネットの検閲《けんえつ》なども行う。［補注］引きこもり以外にニートなどを意味するネットスラングとしても使われている。

しちょうりつ【視聴率】 内職や居眠りをせずにしっかり授業を聞いている生徒の割合。「イケメンの先生はいつも高視聴率だ」。

きたはら テレビの放送番組の担当者はとても視聴率を気にする。視聴率を上げるためにどんどん内容を変えていく。しかし、内容のよさと視聴率の高さとは比例しない。くだらないものほど高いということもある。「馬の耳に念仏」「猫に小判」の授業ではいけないが、あまり迎合すべきではない。

じむいん【事務員】

携帯電話の留守番電話サービスで流れるアナウンスの人。「何、事務員雇《やと》ってんだよ！」。❖留守番電話につながったときに使う。

しゅうかくする【収穫する】 バリカンで頭

最新KY語コレクション
【NT】 **N**anika **T**suiteiru（＝何か付いている）

を刈る。「今日、あいつの頭、収穫するべ」。❖髪の毛を稲に見立てて、それを刈りあげることから。

じゅかい【樹海】 ❶絶体絶命の状況。「まったく勉強していないので明日からのテストは樹海だ」。❷関わるとものすごく危ない人。怒らせると危険な人。

しゅっさん【出産】 排便。

じゅんいち【純一】 靴下を履いていない人。また、その状態。補注 一九九〇年代にトレンディー俳優として一世を風靡《びふう》した石田純一さんの、素足にローファーという定番スタイルから。

じゅんしょく【殉職】

使い古して愛用していたものが壊れること。「鞄がついに殉職した」。

きたはら 「殉職」は職責を果たそうとして命を失うこと。自分の持ち物が殉職したとは大層大げさだが、それだけ愛着が強いのだろう。ただ、若者言葉には極端に言うものが多い。

じらい【地雷】 気になっていることを他人に指摘され、怒り心頭に発すること。

最新KY語コレクション
【NT】Nanika Tsuiteiru（＝何か憑いている）

なぞらえた新語

シンクロ メークが濃い人。❖シンクロナイズドスイミングの選手の極端なメークから。

シンデレラ 門限や終電を気にする女性。「そろそろシンデレラが帰る時間だからお開きにするか」。

スクランブルこうさてんがお【スクランブル交差点顔】 老人の顔のように、シワが縦横複雑に入りくんでできた顔。

せみ 寿命が短いこと。「あのシャーペンのもろさは、完全にせみだった」。❖蟬《みせ》の寿命が短いことから。

セルシオてき【セルシオ的】 ヤクザ的な雰囲気のある、少しいかつい系の男の人。❖トヨタのセルシオから。補注 セルシオはトヨタ自動車が一九八九年に発表した最上級セダン。ベンツやＢＭＷといった高級外車と肩を並べるイメージから、「ヤクザ的」という意味になったと推測される。

そうなんする【遭難する】 （しばらく授業を聞いていなかったために）授業で今何をやっているかが分からなくなる。「遭難したためテストでひどい点を取った」。

そーめん【ソーメン】 会話で相手の発言を聞き流すこと。「今の話、ソーメンしてたで

最新KY語コレクション
【OBM】 OBaMa（＝オバマ）

しょ」。❖「流しそうめん」から。

たまぎれ【弾切れ】 シャープペンシルの芯がなくなること。「この一本を使い切ると弾切れになってしまう」。

きたはら 次項「弾込め」も同様だが、シャープペンシルの芯は「弾」と言うのだろうか。ホチキスの針は弾と言うようだが、両者打ち出すところに共通点がある。ちなみに、ボールペンの先は丸い球だが芯という。

たまごめ【弾込め】 シャープペンシルに芯を入れること。「今、弾込めをしていて話を聞いていませんでした」。

ダムほうかい【ダム崩壊】 お腹が痛く、排便の我慢が限界に近いこと。

ちくわ 話を全然聞いていないさま。うわの空。

ちデジ【地デジ】 一見何も変わっていないようでも、実は中身が劇的に変化していること。また、そういう人。補注 二〇一一年から完全に移行される地上波デジタル放送は、単に画質や音声だけでなく、双方向サービスやデータ放送といったさまざまな特徴がある。

ちゃくりく【着陸】 飲み会などで飲み過ぎて、完全に眠りにつくこと。また、その状

最新KY語コレクション
【OC】 OsieteChan（＝教えてちゃん）

態。「ああー眠ぃ。着陸態勢に入ります」。

チャックがひらく【チャックが開く】 オタクが自分の得意な話題になったときに、つい夢中になってしまうこと。

ちゃまめ【茶豆】 ほどよく日に焼けた人。

チョモランマもり【チョモランマ盛り】 チョモランマのように高く盛りつけること。また、そういう盛り方をしたご飯。

ちんぼつ【沈没】 携帯電話での通話中や、メールのやりとりの最中に、寝てしまい音信不通になること。

つる【釣る】（インターネット上などで）わざと嘘《うそ》の情報を流し、不特定多数の人を集める。

ていおう【帝王】 親父が社長など、お偉いさんのヤツ。

てんサロ【天サロ】

太陽で体を自然に日焼けさせること。（日焼けサロンに対して）天然のサロンの意。「絶好の天サロ日和《びより》だ」。関連 焼き場

でんぱ【電波】 突然話題を変えるなど、脈絡のない言動をとる人。また、何を考えてい

最新KY語コレクション
【OD】 **O**nara **D**eta（＝オナラ出た）

るか分からない人。「あの子、電波だからしようがない」。

とうきょう【東京】 誰かの言ったことなどにまったく反応しない冷たい人。❖東京の人は、他人との関わりが希薄であるというイメージから。

ながれぼし【流れ星】 何度も留年している人。「あの人が噂《うわさ》の流れ星か」。

なっとうディフェンス【納豆ディフェンス】（バスケットで）粘り強いディフェンスのこと。

なつばのそうめん【夏場のそうめん】 ❶飽きがくること。「もうこの作業にはほとほと夏場のそうめんだ」。❷人を飽きさせ、脱力させるもの。「○○先生の夏場のそうめん話が始まった」。

きたはら　そうめんは夏場に美味しいが、食べ続け（させられ）ると嫌になる。分かりやすくてうまいたとえ。

にちりん【日輪】 天からの光が落ちてくるくらい、栄光ある成績を収めること。「私、中学の時、日輪したことあるよ」。

最新KY語コレクション
【ODA】 **O**re**D**atte **A**ishite（＝俺だって愛して）

にほんかい【日本海】

気性の激しい人のこと。「あいつは日本海である」。反瀬戸内海

きたはら 芭蕉が「荒海や」と詠《よ》んだ日は荒れていたのだろうが、「日本海」は常に荒れているわけではない。また、「瀬戸内海」も穏やかな日ばかりではない。荒れる難所、危険な場所としては「玄界灘」がよく知られていたが、今は忘れられたか。

ねだるま【寝だるま】 イスに座って居眠りしているときに、体が傾いては戻り、傾いては戻りするさま。また、その人。

のりべん【のり弁】 髪の毛がぺっちゃんこになっていて、頭にひっついているさま。❖弁当のふたに海苔《のり》がひっついている様子に似ていることから。

きたはら 次項の「パトラ」もそうだし、若者言葉には頭髪に関するものが多い。本章には他に「過疎地」や「ラモス」も収載した。

パトラ 前髪がパッツンなこと。また、その人。❖クレオパトラの前髪が揃《そろ》っていたことから。

はぶマンのなか【ハブマンの仲】 前世でハブとマングースであったかのごとく、初め

最新KY語コレクション
【OI】Onaka Itai（＝お腹痛い）

からまったく気が合わない関係。

バンジィ 会話がオチきらないこと。「彼の話はいつもバンジィだからつまらない」。

パンダ パトカーの隠語。❖パトカーの配色がパンダと同じ白と黒だから。類キリン(＝クレーン車)

バンビ ヒールが八の字に曲がって、不安定な状態で歩いている女性。また、その様子。❖生まれたての子鹿のよろける様子から。

ピクルス 地味ながらも重要な人や事柄。❖ハンバーガーにおいてピクルスが果たしている役割から。

ひしょくぶつ【被子植物】 守られている人のこと。

ひめ【姫】

❶ピンクや白といった柔らかい色づかいや、フリルやレースをあしらうなどのかわいらしい格好。「姫系の洋服が似合う」❷(言葉の前に付けて)お姫様のように女の子らしく、かわいいさまを表す。「姫電」(＝ピンクのビーズなどでデコレーションした携帯電話)、「姫盛」(＝ヨーロッパのお姫様のように頭頂部を大きく盛り上げた髪

最新KY語コレクション
【OKK】Ooame Kouzui Keihou(＝大雨洪水警報)

型)。❸ちょっと。少し。「姫こわ」「姫楽しい」。

きたはら ❷は「姫百合《ひめゆり》」「姫鏡台」など昔からあった使い方だが、若者言葉では、単にかわいいというのではなく、❶のような、ピンクや白の、リボンやレース・フリルをあしらったファッションを踏まえたものをいう。❸には他に、「姫たつ(=ちょっと腹が立つ)」「姫キュン(=一瞬ドキッとする)」などもある。

ひよこ 男か女かよく分からない人。「この人ひよこじゃない?」❖ひよこは雌雄《しゆう》の区別がつきにくいところから。特に絵や漫画の人物に対して使われる。

きたはら 『明鏡国語辞典』の「ひよこ」には、「まだ一人前になっていない未熟な者。幼稚な者。」とある。これが一般的な理解だが、確かにひよこの雌雄判別は難しいと言われる。ひよこは未熟であるだけでなく未分化でもある。その特性をうまく捉えている。

プーさん 太っていてかわいい感じのオーラを放っている人。「あの人はプーさんだ」。❖デブとはまた違うニュアンス。

ふくだしゅしょう【福田首相】 決定打がないこと。また、その人。

最新KY語コレクション
【OOS】OreOre Sagi(=おれおれ詐欺)

ブルーチーズ 日常的にはおよそ口にする機会がないような臭いセリフ。「ちきしょー、夕陽が目に染みるぜ」など。❖人によってはまったく受け付けない場合もある。

プルート 除け者にされること。また、除け者にされた人。転じて、リストラ。「私はこの前、会社からプルートされた」。❖太陽系の惑星から除外された冥王星にちなむ。

ぺきんぞら【北京空】 予想ができないこと。先がかすんでよく見えないさま。「君の将来は北京空だよ」❖北京の空気が悪いことから。

きたはら 「北京秋天《しゅうてん》」という言葉があるくらい、昔は、北京の、特に秋の空は青く澄んで(いるものとされて)いた。しかし、昨今は黄砂や開発事業のため北京の空気は濁っている。それが二〇〇八年夏の北京オリンピック開催でクローズアップされた。

ペリーらいこう【ペリー来航】 月経。❖突然やってきて驚かされることから。「ペリー」と省略されることが多い。

ヘルメット コンドーム。「ヘルメットは忘れずに」。

ぼうはてい【防波堤】 授業中に内職する際、

最新KY語コレクション
【OS】Ore Saikou（＝俺、最高！）

先生からばれないように教科書を立てること。また、そのさえぎり。「先生～、○○君が防波堤の陰でゲームやってまーす」。

きたはら 比較的分かりやすいたとえ。第四章には「著柵権」を収載した。これは、同音語の「著作権」に言い掛けたものだが、著作を柵にする権利という意味。分かりにくいがひねりは利いている。

ほたる【ホタる】 夜、ベランダに出てタバコを吸う。

マスクメロン 激しく憤《いきどお》っている状態。「思わず顔がマスクメロンになるくらい腹が立った」。❖顔に浮き立つ血管をマスクメロンに見立てたもの。

まろ （平安時代の貴族のイメージから）眉毛がない、もしくは薄いこと。また、その人。「今朝、慌てて眉《まゆ》毛剃ってたらまろになったぁー」。

みつひで【光秀】 前触れのない裏切り行為。

みつをのじ【みつをの字】 （詩人のあいだみつをの書く文字から）極度のくせがあり判読不能な文字のこと。「お前のテスト」はみつをの字だらけで読めなかったよ」。

きたはら 相田みつをの字は、特徴はあるが、そんなに読みにくくはない。勘違

最新KY語コレクション
【OZ】Onsen Zanmai（＝温泉三昧）

いか間違いだ。

メジャーリーガー　目の下の隈がメジャー級に黒い人。

メロス　自分の信念を追い求めて一所懸命になるあまり、周りにかけている迷惑に気づかない人。また、その態度。「いいヤツだけど、ちょっとメロスなところがある」。

もー【モー】　牛のように大きくふくらんだ女性の胸。「あの子、何げにすごいモーじゃない？」❖牛の鳴き声から。

もくぎょ【木魚】　アホな人。また、常日頃ボーッとしてる人。「あいつ木魚じゃなーい」。❖頭がカラで叩くといい音がしそうなことから。

モナる　真意の分からない微笑みを浮かべる。補注 レオナルド・ダ・ヴィンチの『モナ・リザ』がたたえる独特の微笑は、その解釈をめぐって多くの研究がなされている。

やきば【焼き場】

日焼けサロン。「ちょっと焼き場行こうぜ」。関連 天サロ

きたはら　言葉の造り方としてはまったく問題ない。「焼き場」には、一般に物を

最新KY語コレクション
【PI】Puchi Ijime（＝プチいじめ）

焼く場所という意味もあるが、すぐに思い浮かべるのは火葬場のほうだろう。生きている人間が火葬場に行って何をする？　第四章に「掃き気」というのを載せたが、意外性の強烈さは格段に異なる。

やまんば【ヤマンバ】 ヤバいほどに寝ぐせがついている状態。「うち、今日ヤマンバだし」。

らいこう【来航】 授業をするために先生が教室にくること。

らもす【ラモス】 髪の毛を増やす。❖元サッカー日本代表のラモス選手の髪の毛が多いことから。

れもん【檸檬】 気がふさぎ、鬱《うつ》状態にあること。また、その人。補注 梶井基次郎の『檸檬《れもん》』（一九二五）では、いわれのない不安に苛《さいな》まれる主人公が爆弾に見立てた檸檬で丸善を爆破する妄想が描かれている。

ワープ 居眠り。❖居眠りから目が覚めたときに、思いのほか時間が経っていることから。

最新KY語コレクション
【PK】Pantsu Kusai（＝パンツ臭い）

第七章

広がる新語

言葉は、増殖し、あふれて、
その中に人々を飲み込んでいく。
いまの、この瞬間も、
「広がり」つづける新語の海。
あふれる新語の暴力的な波の中を
どのように泳ぎつづけていくべきか――。

終章である本章には、これまでの章には入らなかった言葉をまとめて載せた。中には他の章に納めてもいいものもあるだろうが、本書の分類、章立てはそれほど厳密なものではないし、ある一つの言葉が複数の分類基準に適合するということもあるので、その点は大目にみていただきたい。

さて、本章には、既存の言葉の一部を言い換えたり、同音の別の言葉(同音異義語)に置き換えたりした、いわば小細工を施した言葉を採録した。たとえば、「一瞬懸命(⇧一生懸命)」「縁の上の力持ち(⇧縁の下の力持ち)」「思い立っても近日(⇧思い立ったが吉日)」「檻入り娘(⇧箱入り娘)」「亀とスッポン(⇧月とスッポン)」「我流転生(⇧画竜点睛)」「完璧主義(⇧完璧主義)」「狂暑(⇧猛暑)」「キョバむ(⇧拒む)」「小秋日和(⇧小春日和)」「呉越どうしよう(⇧呉越同舟)」「十中八苦(⇧十中八九)」「女子貫徹(⇧初志貫徹)」「座り尽くす(⇧立ち尽くす)」「他給他足(⇧自給自足)」「他人行事(⇧他人行儀)」「逃走清掃(⇧東奔西走)」「どじょうのぼり(⇧うなぎのぼり)」「どんどん拍子(⇧とんとん拍子)」「二枚岩(⇧一枚岩)」「化け粧(⇧お化粧)」「パパごと(⇧ママごと)」「豊腹絶倒(⇧抱腹絶倒)」「待ち近しい(⇧待ち遠しい)」「芽々しい(⇧女々しい)」

「夢みどろ(⇧汗みどろ)」などだ。

二、三、の言葉について個別に見てみよう。まず、「一瞬懸命」。「一所懸命」が本来で「一生懸命」はそれが転じたものだが、現在では「一生懸命」の方が一般的だ。その「一生」(「一所」でもいいが)を、音が近いところから、「一瞬」に置き換えたもの。今の一瞬、全力を尽くすことという意味。

「縁の上の力持ち」や「思い立っても近日」などは、よく知られている長い言葉の一部を言い換えて、逆の意味にしたもの。なかなか面白いところに目をつけている。

「完璧主義」は、「璧」の字を「壁」とよく間違えることを踏まえたもの。「完璧」も「かんぺき」と読むが、「壁」であることが分かるように、「かんかべ」と読む。

「キョバむ」は、「拒否する」と「拒む」の合成語だが、できあがった「きょばむ」は、「こばむ」の「こ」を「きょ」に言い換えた形で、第二章に上げた「かえる」と「チャえる(=チャンネルをかえる)」、「しゃべる」と「なべる(=訛りながら、しゃべる)」などと同様、類音異義の関係になっている。「化け粧」も「お化粧」の類音類義語だ。

「我流転生」「十中八苦」「豊腹絶倒」などは、音は同じでも意味はまったく別で、同音を借りた異義語だ。

「座り尽くす」の「尽くす」は、「言い尽くす」「泣き尽くす」「待ち尽くす」「見尽くす」などいろいろな語に付くが、「座り尽くす」という語はなかった。しかも、「立ち尽くす」以上に呆然としているさまを表すという。「夢みどろ」の「みどろ」は「汗みどろ」「血みどろ」があるくらいで、汗や血にまみれていることを表す。夢にまみれるという発想には驚く。

次に、本章には、大幅な省略によって造られた新語を集めた。大幅の省略は若者言葉の特徴で、これまでの章にも数多く採録したが、本章に載せたものは、たとえば、次のごとくだ。「おた献（⇧お楽しみ献立）」「きよぶた（⇧清水の舞台から飛び降りる）」「キレ寸（⇧キレる寸前）」「ケビン（⇧毛がなくて不憫）」「ザッパー（⇧大雑把）」「しゃラッキー（⇧よっしゃラッキー）」「じゃん見（⇧ジャンジャン見る）」「ダラ見（⇧ダラダラ見る）」「しょんどい（⇧正直しんどい／正直めんどくさい）」「ズル込み（⇧ズルい割り込み）」「脱サラ（⇧脱サラリーマン金融）」「ちゃごむ（⇧お茶を飲んで和む）」「チャリ範（⇧自転車で行ける範囲）」「ちょメ助（⇧超スピードでメールをやりとりする男子)」「っぱ(⇧っぱなし)」「電メ(⇧電車の中でのメーク)」「パソ禁(=パソコン使用禁止)」「はデコ(⇧派手なデコレーション)」「半値(⇧ハンドルネーム)」「ヒガモ(⇧被害妄想)」「プーダル(⇧プールの後のダルさ)」「ブタ真(⇧ブタに真珠)」「ブルッ歯(⇧ブルブル振動する電動歯ブラシ)」「へしょげる(⇧へこんで、しょげる)」「まずドリ(⇧まずは、ドリンクバー)」「まちゃみ(⇧まあまあチャーミング)」「みつばな(⇧秘密の話)」「リー切れ(⇧バッテリー切れ)」。

「おた献」の「おた」は「おたのしみ」の略だ。「きよぶた」の「きよ」は「きよみず」の略で、「ぶた」は「ぶたい」の略だ。常識的な省略法を超えた省略だ。「ケビン」も「しょんどい」も「ちょメ助」「ヒガモ」「ブタ真」も、みんなそうだ。

「ザッパー」「っぱ」「リー切れ」などは言葉の前部、前半を省略しているので、なかなか省略前の言葉につながらない。類例は第二章にも、「ヅチる(⇧金槌である)」「パツる(⇧出発する)」「ブカい(⇧趣き深い)」などを挙げたが、こういう省略の仕方は若者言葉の一つの特徴だ。

「みつばな(密話)」も語頭の「ひ」を省略したものだが、それだけでなく、「はなし(話)」の「し」

も省略している。ただ、「～ばなし（話）」を「～ばな」と省略するのは定着しているようで、「すばな（素話）」「こいばな（恋話）」「しつばな（失恋話）」など類例がある。『みんなで国語辞典！』には、「～ばなし」を「～ば」一音に省略した「ちゃけば（⇧ぶっちゃけばなし）」を載せている。

若者ならではの捉え方、表し方で造られた新語もある。「裏スタ（⇧裏スタディ）」は内職のこと、「エレキ」は電子辞書のこと、「脳内ミュージック」は頭の中で流れ続けている曲のこと、「パーティー開き」は菓子袋を左右に広く開封すること、「初パク」はある食べ物を初めて食べること、「マヨらか」はマヨネーズによってまろやかになった味、そして、「リアルフェイス」はすっぴんのこと。旧来の言葉があるのにと思うものもあり、なるほどと思うものもある。いずれにしても、こういう言葉は年配の人には思いつかない。

「ときとば」という言葉が、なぜか心に残った。「時と場合」の「あい」を省略しただけのものだが、音が落語の「時蕎麦」に近いせいか、まったく別語の印象で、言葉としての安定感がある。こういう言葉なら、年配者にも理解できる。

本章の中で、ひねりが利いていて楽しいものを挙げるとすれば、「夏期口臭」「軽自殺」「五月雨斬り」「鮫《さめ》」「半三十《はんみそ》」「ビンビン」「風鈴夏残」「山裏」などになるだろうか。具体的には各項目に当たって確認していただきたい。

あさメロ【朝メロ】 元気がない朝に聴く音楽。「今日は朝メロ聴いてきたから元気だよ」。

あせくるしい【汗苦しい】 人口密度が高く、汗臭いさま。「うわっ、この部屋汗苦しい」。

いけぴか【イケピカ】 顔はカッコいいのに、頭がハゲている人。「彼は残念なことにイケピカだ…」。

いちくろ【イチクロ】 （頭髪検査などに備えて）一時期だけ髪の毛を黒くすること。「おっ、さりげなくイチクロになってるね」。

いっしゅんけんめい【一瞬懸命】 一瞬一瞬、ものごとを必死に行うこと。

うえからめせん【上から目線】 他人に対して上から見下すように発言・行動する、分かったふうな姿勢。「おい、さっきから何で上から目線なんだよ」。

きたはら すでにかなり普及し、一般化しているが、以前は「見下す」「軽蔑の目」「高飛車」などと言った。「目線」自体が、もと映画や演劇の世界で、月を見あげたり、山を眺めたりする目のつけどころを言ったもので、一般には使われなかった言葉。

最新KY語コレクション
【PK】Poisute Kinshi（＝ポイ捨て禁止）

うざかわいい【うざ可愛い】 鬱陶《うっとう》しい、バカっぽいなどのマイナスな感情がありながらも、そこが逆にかわいらしいさま。

うまへた【ウマヘタ】 (作品などが)上手だが心のこもっていない、どこか冷え冷えとしているさま。❖「ヘタウマ」とは逆に、否定的な意味で使われる。

きたはら　一見ウマいがよく見るとヘタだ、ということ。要するにヘタなのだ。語順を逆にした「ヘタウマ」は要するにウマいことになる。

うらスタ【裏スタ】 「裏スタディ」の略。授業中にするべきことをせず、すませていなかった宿題などをこそこそやること。内職。「眠たいから裏スタでもするか」。

うれしあせ【嬉し汗】

楽しいときや嬉しいときに流れ出る汗。「見てー、ちょーうれし汗かいた」。

きたはら　「嬉し涙」という言葉があり、嬉しいときに涙が出ることはあるが、汗が出るということはない。「寝汗」「冷汗」という言葉があり、汗は、熱のあるときのほか、寝ているときや、緊張したとき、恐ろしかったとき、恥ずかしかったときなどに出るもの。ただ、嬉しくて騒《さわ》ぐと汗が出ることはあろう。

最新KY語コレクション
【PK】 **P**rikura **K**oukan(＝プリクラ交換)

えちゃ【絵茶】 ウェブ上のお絵書きチャット。リアルタイムでの会話とお絵書きが楽しめる。

エレキ 電子辞書。「ちょっとエレキ貸してくれない?」。❖書籍の辞書と区別して使う。

エロこわい【エロ怖い】 (周囲が引いてしまうほど)エロすぎて怖いさま。❖「エロ可愛い」と逆のニュアンス。

えんギャル【園ギャル】 高校球児を目当てに、やたらと甲子園に通って来るギャル。
関連 恋球

えんじょう【炎上】 ブログなどに書いた内容に対して閲覧者のコメントが殺到すること。❖コメントの多くは批判や誹謗中傷である。

きたはら インターネット上の掲示板やSNS(ソーシャル・ネットワーキング・システム)内でしばしば見られる現象。芸能人のスキャンダルや大企業の不祥事などについての意見の対立が発端となるが、次第に本来の趣旨とは関係のない書き込みが煽《あお》られるように殺到し、サーバが機能不全に陥ってしまう。

えんのうえのちからもち【縁の上の力持ち】 人の目に思いっきりつくところで、人のた

最新KY語コレクション
【PM】Pattsunna Maegami(=パッツンな前髪)

めに何か尽くしたりすること。❖「縁の下の力持ち」とまったく逆の意味。

おきべん【置き便】 流し損《こそ》ねてトイレに残っている大便。「おいおいおいおいっ、置き便あるじゃねーか」。

おしえてちゃん【おしえてチャン】 調べれば誰でも分かるようなことでも、すぐに人に聞く人。「おしえてチャンでゴメン」。❖インターネットの掲示板によく見られる。補注 2ちゃんねるに代表されるような、特定のテーマについて情報や意見を交換する掲示板で、ひたすら他人への情報提供を求めるような書き込みに対して、蔑《さげ》すむニュアンスで使われる。

おじょう【お嬢】 見た目、行動、また発するオーラなどが、怖いほど迫力のある女性。「あの人っていつ見てもお嬢だよねぇ」。

おたくション【オタクション】 「オタクのアクション」の略。オタクが興奮したときに見せる動作。補注 アニメなどに由来する大げさなセリフ回しをともなうことが多い。

おたこん【おた献】 (学校給食などで)お楽しみの献立。「いぇーい、今日はおた献だー」。❖クリスマスやひな祭りのケーキなど。

最新KY語コレクション
【PM】 PenMawashi(=ペン回し)

おちょうふじん【汚超腐人】 腐女子の最高ランク。腐女子は男性同士の恋愛（いわゆるボーイズラブ）の小説や漫画を嗜好《しこう》する女性たちのこと。[補注]テニス漫画『エースをねらえ』（山本鈴美香《すみか》・一九七三）に登場する竜崎麗香《りゅうざきれいか》の通称・お蝶夫人をもじっている。

おににてつぼう【鬼に鉄棒】 何でもできそうな人でも、実際にやってみないと実はできるかどうか分からないということのたとえ。[関連]こたつに蜜柑。

きたはら 「鬼に金棒《かなぼう》」のもじり。「金棒」は「鉄棒」ともいうが、ことわざとしては「鬼に鉄棒」は誤り。「鬼に金棒」は、素手でも強い鬼に鉄の棒を持たせるの意で、好条件が加わることをいうが、「鬼に鉄棒」は、何でもできそうな人でも、さらに好条件を加えたとしても、実際にやらせてみないと分からないということ。後掲の「こたつに蜜柑《みかん》」と比べると面白い。

おもいたってもきんじつ【思い立っても近日】 何かをしようと決意をしても、その日からは決して始めないこと。また、そういう人。「思い立ったが吉日《きちじつ》」のもじり

おりいりむすめ【檻入り娘】 非常に過保護な親の下で育った子ども。親に過剰な管理

最新KY語コレクション

【PMMP】 **P**antsu **M**okkori **M**echa **P**anee
（＝パンツもっこり、めちゃパねえ）

をされている子ども。「彼女は檻入り娘だ」。❖同情の意味を含んで使われる。

きたはら 「箱入り娘」のもじり。「箱入り」は箱にしまい込むようにして大切にすること。江戸時代には(今もそうだが)特に大切なものは箱に入れてしまっておいたり運んだりした。「檻」は猛獣や罪人を閉じこめておく頑丈な箱や室。だから、「檻入り」は大切にするためではなく、自由に外に出さないためだ。子ども側に立てば同情の気持ちを含むが、親側からすれば切なくも苦しい処置だ。

オルソン カラオケなどでいつも決まって歌う歌。「今日もカラオケでオルソンを歌う」。❖「always(＝いつも)」と「song(＝歌)」」の合成語。

おわった【終わった】 ❶(単にものごとが終了しているというのではなく)ある状態や評価が、もはやにっちもさっちもいかないほどに追い込まれているさま。「宿題が手つかずだ。終わった」。❖絶望的な気持ちを表す。❷(インターネットスラングの一つで)①と同じ意味を特に「人生オワタ＼(^。^)／」と表す。また、人生に限らず絶望的な状況に対して「〇〇オワタ」という形で使われる。

カオス (ギリシア語で「混沌《こんとん》」を意味する

最新KY語コレクション
【PN】Piston Nishizawa(＝ピストン西沢)

COLUMN 10

無限に広がる「友だち語」
「つきあいの形式」編

趣味や嗜好《しこう》の細分化が進む現在の日本社会。ついに、友人関係までその用途に応じて細分化されてきたようです…。

＊＊＊

【ネッ友】 インターネット上だけの友だち。

【リア友】 現実世界での友だち。

【朝ダチ】 朝一緒に学校に行く友だち。

【カラ友】 いつも一緒にカラオケに行く友だち。

【タリ友】 共感できる話題で語り合う友だち。

【チャリ友】 話をしながら自転車で一緒に移動する友だち。

【バイ友】 バイト先で知り合った友だち。

【ブカ友】 部活の友だち。

COLUMN 10

無限に広がる「友だち語」
「つきあいの形式」編

【放友《ほうとも》】放課後、一緒に遊ぶ友だち。

【モバ友】(携帯電話の無料ゲーム兼SNSサイト)モバゲータウン内での友だち。

【類友《るいとも》】同じ種類の趣味を持った友だち。

【レタ友】手紙などで文通している友だち。

【ログ友】ブログ友だち。

【笑友《わらとも》】お笑いの話題を語る友だち。

「カオス（＝Chaos）」に由来）❶悲しみや落胆などで気持ちに整理がつかない状態。「政経のテストどうだった？」「カオスだよ…」。❷物が散らかって片づいていない状態。❸ものごとが非常に入り組んでおり、難解なさま。「この問題はカオスすぎて解けない」。❹特定の話題に対して、周囲がついていけないほどマニアックであること。「隣のテーブルはオフ会らしく、カオスの様相を呈している」。補注 インターネットスラングの一つで、理解不能な書き込みなどに対して、「○○カオスwww」という形でややあざけるニュアンスでも使われる。

きたはら 「混沌」を意味するギリシャ語の「Chaos」に由来する語で、かなり一般化しており、『明鏡国語辞典』にも載っている。ただ、❶から❹までいろいろな意味に拡張して使われていて、まさにカオス状態だ。

かきこうしゅう【夏期口臭】 よい結果をもたらす行為のつもりが、一方で悪い結果を生む場合のたとえ。❖「夏期講習」のもじり。夏バテ防止にスタミナ料理を食べた結果、口臭がキツくなることから。

かきする【下記する】 ホームページやブログなどに書き込む。同 コメる

がち【ガチ】 ❶本気で。真剣に。「俺の彼女、

最新KY語コレクション
【PP】Panchi Paama（＝パンチパーマ）

ガチ(で)かわいいよ」。❷(言葉の前に付けて)偽りのない、本当の、という意味を表す。「ガチ友」「ガチオタ」。

きたはら 全国的に広く使われている。大相撲で、八百長なしの真剣勝負を「ガチンコ」というが、その省略形。程度の甚《はなは》だしいさまも表し、その度合いは「本気」「まじ」「がち」「神」の順で強くなる。「ガチる(=本気でやる)」という動詞もある。

かちきれ【カチキレ】 いきなり、勢いよくキレること。「あいつはカチキレするとかなり怖い」。

がぶづかみ【ガブづかみ】 ワシづかみよりもさらにたくさんつかむこと。「詰め放題のお菓子をガブづかみする」。

きたはら 「がぶ」は「がぶり(=大きく口をあけてよく食いつくさま)」の「がぶ」。「わしづかみ」は鷲が獲物をつかむように、手のひらを大きく開いて乱暴につかむこと。「がぶ」と「わし」とどちらがつかむ量が多いか、簡単には決められないが、「がぶ」の方が響きに強さがある。

かみ【神】

❶(スポーツ、芸術、ゲームなどで)普通の人にはおよびもつかないほどのレベルに

最新KY語コレクション
【PSP】 **P**anee **S**hibui **P**aama(=パねぇ渋いパーマ)

達しているさま。また、その人。「彼のボールさばきは神だ」。❷(神様のようにあらゆるものごとを超越していることから、主に降臨《こうりん》をともなって)困難なものごとが奇跡的に成功すること。「あの高校に受かるとは…まさに神降臨だ」。❸(言葉の前に付けて)レベルが最高に達していることを表す。「神友」「神文字」。反 民 補注 「ネ」と「申」に分けて「神」と表記することも多い。

きたはら ❷に関しては「KTM(=神が天から舞い降りた)」というKY語もある。❸は、「超」「バリ」「鬼」の順でレベルが高くなり、最上級が「神」となる。

かめとすっぽん【亀とスッポン】 二つの物や人がよく似ていることのたとえ。

きたはら 月とスッポンでは大違いだが、スッポンはカメの一種。両者似ているのは当然。よくこういう言葉を思いつくものだ。

かゆったい【痒ったい】 (主に足の裏などを)虫に刺されとても痒《かゆ》いのだが、かくとくすぐったくて、どうしようもなくもどかしいさま。「痒ったいときはじゅうたんにこすりつけよう」。

きたはら 「かゆい」+「くすぐったい」なら、「かゆくすぐったい」となるはず。その「くすぐっ」の部分を省略してしまうと、「くすぐったい」という意味が飛ん

最新KY語コレクション
【SAY】Senakano Asega Yabai(=背中の汗がヤバい)

でしまう。しかし、「かゆったい」だけで何となく分かるような気になる。「かゆい」に「くすぐったい」と通じるところがあるからだろうか。

からあげ【カラアゲ】「カラ元気でアゲアゲ」の略。「落ち込んでないでカラアゲで行こう!」。

カラフルきのこをたべる【カラフルきのこを食べる】 あきらかに危険なものごとを行うことのたとえ。「そこから先に進むと、カラフルきのこを食べることになる」。

がりゅうてんせい【我流転生】 勉強など、自分を磨く方法を次々と変えてしまい、自分の流儀がなかなか定まらないこと。また、そういう人。

かんかべしゅぎ【完壁主義】 誤った理解をしていたり、理解が不十分であるにもかかわらず、欠点がないように見せかけようとする姿勢や態度。

かんじょうろうどう【感情労働】 もっぱら人を相手にするなど、高度な感情のコントロールが必要とされる仕事。類 肉体労働、頭脳労働

きたはら　この言葉は専門語としてはかなり以前からあった。したがって新語と

最新KY語コレクション
【SJK】Serebukei Joshi Kousei(=セレブ系女子高生)

はいえないかもしれない。しかし、モンスターペアレントや、ひきこもりの子どもに対応する場合など、感情管理が求められる感情労働が増えてきている。

かんぜんにちんもくする【完全に沈黙する】（電子機器などの）充電が切れる。電池残量がなくなる。「携帯電話が完全に沈黙した」。❖電池切れの電子機器から音が出なくなった様子を擬人化したもの。

がんばったでしょう【がんばったで賞】とってつけたような最低ランクの賞。「がんばったで賞をもらうと、むしろ惨《みじ》めな気分になる」。

ぎそうきげん【偽装期限】偽装がばれるまでの期間。「いくら取り繕《つくろ》っても必ず偽装期限がくるよ」。

きたはら　二〇〇八年は偽装の発覚が連続した。日本のよさ、安全と安心、信頼して生活のできる社会はどこにいってしまったのか。嘆かわしい。悪事は必ずあばかれる。隠蔽《いんぺい》はいつまでも続かない、期限がある。

きまったかん【決まった感】ものごとが成功したという思いに自分一人でひたること。また、その動作。❖あまりひたり過ぎていると恥ずかしい。

最新KY語コレクション

【SKH】Saishoni Kiss shita Hito（＝最初にキスした人）

ぎゅうしゅう【牛臭】 牛乳をこぼし、しばらく経ったときの臭い。「この雑巾の牛臭はかなりキツい」。

きょうしょ【狂暑】 猛暑を超える暑さ。

きょばむ【キョバむ】 強く拒絶する。「どちらの頼みもキョバむつもりだ」。❖「拒否する」＋「拒む」の合成語。

きよぶた

「清水の舞台から飛び降りる」の略。思い切って何かに挑むこと。度胸試し。「えーい、こうなりゃ、きよぶただっ！」。

きたはら 常識を外れたすごい略し方だ。「きよ」は「清」としても「舞台」は「ぶた」と「い」には分けられない。常識的な省略では、「きよみず(清水)」だろう。しかし、一度知るとなぜか分かってしまう。これが略語の特徴。

きりょく【起力】

眠たい朝などに起きる力。「起力がないので寝坊してしまった」。

きたはら 大きな国語辞典を見ても、「気力」「汽力」「棋力」「機力」しかなく、普通思い浮かぶのは「気力」だけだろう。蒸気の力を「汽力」といい、機械の力を「機

最新KY語コレクション
【SKK】ShitaKuchibiru Kiss(＝下唇キス)

力」というのだから、起きる力を「起力」といっても悪くはないが、そんな言葉はない。第四章に収載した「掃き気」と同様、意外性を狙ったもの。

きれすん【キレ寸】「キレる寸前」の略。

きんぱ【キンパ】 金髪に染めた髪。また、そういう髪の人。❖生まれつきの金髪には使わない。

くしゃりかけ【クシャリかけ】 くしゃみが出そうで出ない状態。

くつぐい【靴食い】 歩いているうちに、靴下が靴の内側に巻き込まれて脱げてしまうこと。❖短ソックスに多く見られる。

けいじさつ【軽自殺】 喫煙や多量の飲酒など、体に悪い行為を分かっていながらやめられず、寿命をすり減らしてしまうこと。

けつろってる【結露ってる】 緊張などから、手に汗をかき、ツルツルしている。「すいません、手が結露ってて握手できませんー」。❖足がむれている場合にも使える。

けびん【ケビン】「毛がなくて不憫《ふびん》」の略。毛髪が少ない状態。また、そのような人。「うちのオヤジ、最近ケビンでさー」。

最新KY語コレクション
【SKKY】Sukesan Kakusan Korasimete Yarinasai
(=助さん、角さん、懲らしめてやりなさい)

こあきびより【小秋日和】 八月なのに秋のように涼しい日。❖温暖化が進む中、特別ありがたく感じられる。

きたはら 「小春日和《こはるびより》」といういい言葉がある。「小春」は冬の初めの春に似た温暖な気候のこと。そこから陰暦十月の別称にもなった。「小春日和」は寒い季節の暖かい天候のことだが、暑い季節に秋を思わせるような涼しい日もある。特に近年は「猛暑」「酷暑」の日が続く。本章には「狂暑」という言葉も載せた。「小秋日和」もほっとするいい言葉だ。

ごえつどうしよう【呉越どうしよう】 仲の悪いものどうしが同じ場に居合わせて周囲が気まずくなること。「修学旅行の部屋割りは、かなり呉越どうしようだな」。❖「呉越同舟《ごえつどうしゅう》」のもじり。

こころがゆい【心がゆい】 ❶不安がたまって爆発する一歩手前のさま。❷どうしていいかわからず、手立てがないさま。❖「歯がゆい」の最上級。

こそぐい【こそ食い】 物をこそこそ食べること。食べてはいけないものを、バレないように食べること。❖つまみ食いとは若干ニュアンスが異なる。

最新 KY 語コレクション
【SM】SarashiMono（＝晒し物）

COLUMN 11

無限に広がる「友だち語」
「つきあいの深さ」編

「神」にも等しい友だちと、しゃべったことがあるだけの友だち。はたまた、仕方なくの友だち。それもこれもひっくるめて、みんな「友だち」。

＊＊＊

【ガチ友】 ケンカや反発もするが、心の底から助け合えるような友だち。

【幻友《げんとも》】 自分が一方的に友だちだと思っている友だち。

【蟻ダチ《ありだち》】 蟻のように仲間同士で協力できる友だち。

【神友《かみとも》】 神様に近い存在の友だち。本当に信頼できて何でも話せる、親友の中の最上級の友だち。

【仮ダチ】 ある時期に仕方なく仲よくしてできた友だち。

【しゃべ友】 しゃべったことがあるだけの友だち。

【水友《すいとも》】 切っても切れない関係の友だち。

COLUMN 11

無限に広がる「友だち語」
「つきあいの深さ」編

【ただ友】 お金では買えないすごく親しい友だち。

【談友《だんとも》】 悩みなどを相談できる絆《きずな》の深い友だち。

【鉄友《てつとも》】 鉄のように固い絆で結ばれた友だち。

【表友《ひょうとも》】 あまり仲がよくない表面上の友だち。

【深ダチ《ふかだち》】 いつでも助け合う深い絆を持っている友だち。

【頼友《よりとも》】 すごく頼りになる友だち。

【ライ友】 勉強や恋などのライバルではあるが、仲のよい友だち。

【ラブ友】 ラブラブな友だち。また、めちゃめちゃ仲のよい友だち。

【乱友《らんとも》】 一緒にバカができる友だち。

こたつにみかん【こたつに蜜柑】　よほど意志が強くないと敵わないもののたとえ。❖ただでさえ人間を怠惰《たいだ》な生活に引きずり込むこたつに、さらに蜜柑が加わることから。関連 鬼に鉄棒

こびと【孤人】　孤独な人。仲間はずれだというわけではなく、自分から進んで孤独になっている、いわゆる「孤独を愛する人」。❖プラスのニュアンスで「孤人ちゃん」などと呼ばれる。

こもりなき【こもり泣き】
部屋にこもって泣くこと。また、それほどつらいこと。

きたはら　「忍び泣き」「啜《すす》り泣き」「むせび泣き」など泣き方を表す言葉は多いが、どこかに隠れて泣くことを表す言葉はなかった。「忍び泣き」も人目をはばかって声を立てないように泣くことで、必ずしも部屋などに隠れて泣くわけではない。「隠れ泣き」というような言葉があってもいいが、ひきこもりの時代に似合うのは「こもり泣き」だろう。

こわぶる【怖ぶる】　(本当は怖くないのに)お化けや虫が怖いフリをする。❖女性がモテようとしてすることが多い。

最新KY語コレクション
【SM】Short-hair ni Moeru(＝ショートヘアーに萌える)

ざーぐい【ザー食い】 傾けた菓子の袋に直接口をつけて、一度に中身を口に流し込んでほおばる食べ方。❖ポテトチップスなど、スナック菓子の終盤の食べ方の一つで、行儀が悪いが深い満足感がある。類パーティー開き

きたはら　品のよくない言葉だが、なるほどという感じ。後掲の「パーティー開き」も言い得て妙。

さかゆめ【さか夢】 夢で見たのと反対の内容が現実に起こること。

さぎちち【さぎ乳】 水着の着用時に(パットなどで)女子が胸を偽《いつわ》ること。

さぎプリ 本来の顔よりもかわいく撮れたプリクラ。「さぎプリに成功しました」。同詐欺写

ざっぱー【ザッパー】 大雑把。

さみだれぎり【五月雨斬り】 知らないうちに紙などで肌を切ってしまうこと。❖地味だが痛みがかなり後をひく。

さめ【鮫】 ニンテンドーDSのこと。「明日、学校に鮫持ってこよう」。❖携帯メールで、英字入力モードにせずに「DS」と入力す

最新KY語コレクション

【SN】 **S**youga **N**ai(=しょうがない)

ると、ひらがなで「さめ」と表示されることから。

しおがお【塩顔】 しょうゆ顔よりもさらにあっさりしている造作の顔。また、そういう人。反デミグラ顔

じくうをこえる【時空を超える】 （授業中に）居眠りする。「今日の日本史の時間は、また時空を超えてしまった」。❖意識がはるか遠くまで飛んでいくイメージから。

しつじきっさ【執事喫茶】 執事の格好をした男性がいる喫茶店。類メイド喫茶

じっちゅうはっく【十中八苦】 八十%の確率で自分が苦しむ羽目に陥ること。「やべー、職員室に呼ばれた。十中八苦、成績のことだな」。

じづめ【自爪】 （付け爪に対して）自分の爪。

きたはら　養殖の魚が出まわると「天然物」という言葉ができ、録画中継が始まると「生中継」という言葉ができる。それ以前は魚は天然、中継はリアルタイムのものと決まっていた。「じげ（自毛）」は自前の髪の毛のことをいうが、「付け毛」や「かもじ（＝入れ髪）」があるからで、「自爪」も「付け爪」というファッションが流行したから造られた言葉。なお、「自

最新KY語コレクション
【SR】Syuugaku Ryokou（＝修学旅行）

毛」は「地毛」とも書くし、「じごえ（＝生まれつきの声）」は「地声」としか書かないので、「じづめ」も「地爪」と書く方がいいかもしれない。

しゃかお【シャカ男】
イヤフォンやヘッドフォンから音漏《も》れしている男の人。

きたはら　混んだ電車でとなりの男のイヤフォンから漏れてくるシャカシャカという音楽の音。ボーカルや交響楽のものはない。そして、なぜか男性に限り女性のシャカに出くわしたことはない。私も名前を付けたいと思っていた。ぴたりとくる呼び名だ。

しゃラッキー　「よっしゃラッキー」の略。自分に都合のよい出来事があったときに声を張りあげて言う語。

ジャンピングどげざ【ジャンピング土下座】　飛び上がってからそのまま土下座すること。❖申し訳ない気持ちを最大限に表現できる。

じゃんみ【じゃん見】　次から次へとじゃんじゃん見ること。「今度のセールはじゃんじゃん見するぞー」。

最新KY語コレクション
【SSD】Shibuya Shinjuku Docchiiku
（＝渋谷、新宿、どっち行く？）

しゅうかつメーク【就活メーク】 就職活動を本格的に始めた女性の、好感度を重視したメーク。

じゅけんきぞく【受験貴族】 受験生であることを理由に、周囲に対して、ああだこうだと命令するなどわがままにふるまうこと。また、そういう人。「最近、うちの娘が受験貴族になってきて困った」。

しゅんぷう【旬風】 ❶季節ごとの一番いい時期に吹く風。❷その季節であることを感じさせる風。「今年はまだ秋の旬風が吹いていない」。

きたはら 「春風」と同音で、旬の風。とても美しい言葉だが、「しゅん」は野菜・果物・魚介類の、出盛りで最も美味しい時期のことをいい、❶や❷の意味に解するのは、かなり飛躍がある。また「しゅん」は熟語を造らない。「旬」は「じゅん」と読んで、十日あるいは十日間の意味も表すが、こちらの方が広く使われ、「旬間」「旬刊」「上旬」「初旬」などの熟語を造る。

じょしかんてつ【女子貫徹】 ❶女子らしくい続けること。❷かわいらしくいつづけること。❖「初志貫徹」のもじり。

じょしりょく【女子力】 女性らしさ、女の

最新KY語コレクション
【SU】Sensu Utagau（＝センス疑う）

子らしさを表すバロメーター。「(鞄の中がきれいに整っている人や、かわいらしい小物を持っている人に向かって)今日は女子力高めだね」。

しょんどい ❶「正直しんどい」の略。❷「正直めんどくさい」の略。

きたはら この縮約にはかなり無理がある。「しょうじきし」を「しょ」に縮約したことよりも、「しょんどい」から「しょうじき」が思い浮かべられるかという問題だ。「正直めんどくさい」からの距離はさらに遠い。

しんあつ【心圧】 精神にかかる圧力。プレッシャー。「受験で心圧がかかる」。「己の心圧に負けるな」。

ずずる 激しくすする。「みっともないからそんなにずずるな!」。

ズッキーニ 写真を撮るときのかけ声。「ニ」の発音で笑顔になる。

すぶり【素ブリ】 無意識のうちに、ブリっこのふるまいをすること。また、そういう人。「あの子の素ブリはとてもナチュラルだ」。

ずりけい【ズリ系】 いつまでも未練がましく、ねちねちと言いつづけたり思いつづけ

最新KY語コレクション

【SZB】 **S**ouzouwo **Z**essuru **B**aka(＝想像を絶するバカ)

たりする性質。また、そういう人。同ネチ系
反忘れ系

ずるこみ【ズル込み】「ズルい割り込み」の略。電車やバスに乗車する際、列を無視して乗車口に割り込むこと。「周囲の視線に耐えながらズル込みする」。

すわりつくす【座り尽くす】（立ち尽くす以上に）がっかりして脱力する。

せいしのなか【清紫の仲】

清少納言と紫式部のように、いつも密《ひそ》かに競い合っている関係。ライバル。「あの二人は清紫の仲だよね、いい意味で」。

きたはら　平安朝の宮廷サロンで、『枕草子』の清少納言と『源氏物語』の紫式部とは双璧だった。古典の授業で学んだことを早速活かした。なかなかきれいな言葉だ。よきライバルのことであって「犬猿の仲」とは違う。

ぜんのば【全伸ば】スカート丈検査に備えて、折り曲げて短くしているスカートを全部伸ばして丈を長く戻すこと。「今から検査だから全伸ばにしなきゃ」。同ノン折り

そうてつ【葬鉄】廃車になった列車をしのぶこと。❖鉄道マニアが使う。

最新KY語コレクション
【TB】Tesuto Benkyou（＝テスト勉強）

そちゃ【想茶】 お客さんに対して「いらっしゃい」の気持ちを込めて出すお茶。❖「粗茶」ではない。

そときゃら【外キャラ】

他人の前で一人歩きしてしまう、自分の性格とは逆の性格。また、その性格のときの自分。

きたはら 今の若者はキャラ(=キャラクターの略)をとても気にする。その場の空気を読んでうまく自分の役割を演じることが肝要《かんよう》。「NW(=ノリが悪い)」と言われないようにするために、無理をして本来の自分とは違う性格を見せてしまう。ちなみに、『みんなで国語辞典!』には、「陰キャラ(=あまり発言などをしない陰気なキャラクター)」「ばりキャラ(=集団の仲で目立ったり輝いたりしている人)」などを載せている。

そとこもり【外こもり】 日本国内で働いて稼いだお金を持って物価の安い国へ行き、そこに長期滞在すること。海外への引きこもり。

だいこんざか【大根坂】 (毎日上り下りをしているうちに足が大根のように太くなってしまうような)急な坂道。関連 大根足

最新KY語コレクション
【TBH】 TaBe Houdai(=食べ放題)

たきあせ【たき汗】 ❶滝のように汗が出ること。❷(①から転じて)汗がびっしょり出るほどすごく慌《あわ》てているさま。

たきゅうたそく【他給他足】 (自分一人では何も完結させられず)他人に頼ってばかりいること。また、そういう人。

だつサラ【脱サラ】

サラリーマン金融の返済が完了すること。「先月やっと脱サラしたよ」。

きたはら 経済不況の今の時代、サラリーマンから脱退する「脱サラ」は危険だが、「サラ金」から脱する「脱サラ」は結構なことだ。省略のし方で随分《ずいぶん》変わるものだ。

たにんぎょうじ【他人行司】 自分のことを何も決められず、いつも他人の判断にしたがうこと。また、そういう人。「姉は進学も就職も他人行事だった」。❖「他人行儀」のもじり。

たばい【タバい】 (「ヤバい」の意味を強めた語)❶すこぶるよい。「今度の新作、マジタバいって」。❷すこぶる悪い。危ない。「今日のテストはタバかった」。補注 キーボード上で隣り合わせる「T」と「Y」のミスタイプから生まれたという説がある。

最新KY語コレクション
【TD】Taido Dekee(=態度でけぇー)

COLUMN 12

無限に広がる「友だち語」
「つきあいの長さ」編

何十年ものの古酒のような親友もいれば、ボジョレヌーボーのようにフレッシュな友だちも。友人関係にもさまざまな熟成があるんですね。

＊＊＊

【永友《えいゆう》】
永遠の友だち。

【瞬友《しゅんとも》】
長く関係が続かない、極めて短期間の友だち。

【垣友《がきとも》】 大人になってもガキのままの関係でいられる友だち。
【常友《つねとも》】 いつでも、いつまでも友だちでいてくれる友だち。
【長友《ながとも》】 離れていてもずっと関係が続く友だち。一生の友だち。
【ババ友】 おばあちゃんになっても友だちでい続ける友だち。
【幼友《ようとも》】 幼いころからの友だち。
【ロン友】 小さいころから一緒に遊んでいる友だち。

広がる新語

たひる【タヒる】

漢字の「死」を分解し、カタカナの「タ」と「ヒ」に見立てて❶(死ぬほど)絶望的な状況に追い込まれる。自暴自棄になる。「三年つきあっていた彼女にフラレた。タヒるー」。❷非常に疲れ切って、くたくたになる。(物を)長時間使い、悪くなる。「校庭十周してすっかりタヒった」。

きたはら　全国的に広く普及している。若者がメールを書くときなどに使う。もちろん「死ぬ」の意にも使う。「外す」を「タトす」と書くのと同類。「タヒる」「タヒった」などは仮名の通りに読むが、「タヒんだ」「タヒにそうだ」「タヒね」などと書くこともあり、その場合は、「死んだ」「死にそうだ」「死ね」と読む。

たまあげ【魂アゲ】 テンションが上がること。また、上がったさま。

たみ【民】 いたって普通であること。また、その人。平均値。「それって超民じゃない？」。❖平均より少し下も含まれる。反神

だらみ【ダラ見】（テレビやマンガなどを）ダラダラ見ること。「またテレビをダラ見してしまった…」。❖後悔の思いが残るときに使う。

きたはら　「ダラ見」をしてはいけない。

最新KY語コレクション
【TD】TsunDere（＝ツンデレ）

見る場合だけでなく、何においてもダラダラと続けるのはよくない。前掲「じゃん見」と同じ言い方。

たれる【タレる】 通常では考えられないほど気を抜く。「疲れたから、今タレてるんだ」。

ちゃごむ お茶を飲んで和《ごな》む。「うちの祖父と祖母はいつも二人で茶ごんでいる」

ちゃらメラー【チャラメラー】 絵文字を多用したチャラチャラしたメールを送る人。「三十歳を過ぎてもいまだにチャラメラーだ」。

ちゃりきん【チャリ筋】 自転車通学、通勤でついた足の筋肉。

きたはら 中高生には自転車通学をしている人が多いせいか、チャリンコ関係の言葉は多い。『みんなで国語辞典！』にも「チャーリー」「チャリ検」「チャリ小屋」「チャリる」「チャリンポ」などを載せた。

ちゃりはん【チャリ範】 自転車で行ける範囲。「俺のチャリ範は仙台から山形までだぜ」。

ちょかる 調子にのる。「ちょかってんじゃねーぞ、こらー」。

最新KY語コレクション
【TH】Tekiwa Honnouji（＝敵は本能寺）

ちょメすけ【ちょメ助】 ものすごいスピードおよび頻度でメールのやりとりをしている男子。「あいつ、ちょメ助じゃね？」。

きたはら 「ちょ」は「ちょう（超）」だろうか。「超メール」からスピードや頻度が「超」であることを思い浮かべるのは難しい。驚くべき省略の仕方だ。女子の場合は「ちょメ子」となるのだろうか。

ちらニング【チラニング】 「チラチラとカンニング」の略。テスト中に周りの人の答案をチラチラ見る、基本的なカンニングの方法。

っぱ （動詞の後に付けて）ある動作をしたままになっている状態を表す。っぱなし。「置きっぱ」、「つけっぱ」。

でっぱりじあん【出っ張り思案】 必要以上に進んでものごとに取り組み、でしゃばる性格。また、そういう人。「出た出た、いつもの出っ張り思案」。

きたはら 「思案」はあれやこれやと考え、思い悩むこと。出っ張っていては思案はできないはずだが、ここは「ひっこみ」と「でっぱり」の単なる入れ替え。

てつぶんをほきゅうする【鉄分を補給する】 （鉄道オタクが）電車を見に行く。「明日から鉄分補給しに行くけど一緒に行く？」。

最新KY語コレクション
【TH】Tenjou Hikui（＝天井低い）

デミグラがお【デミグラ顔】 ソース顔よりもいっそう濃い造作の顔。反塩顔

でんどろ【電泥】「電気泥棒」の略。自分の家ではない場所で携帯電話や携帯音楽プレーヤーなどの充電をすること。「この前ファミレスで電泥しちゃったよ」。

でんメ【電メ】 電車の中でメークすること。

きたはら　「電」は「電気」の略、「メ」は「メール」の略が一般。「電車」を「電」と省略した例は第一章にあげた「同電」があるが、「電車メーク」の略は異例。

とうそうせいそう【逃走清掃】 掃除をサボるためにその場から逃げ出すこと。「こらー、また逃走清掃する気かぁ！」。❖「東奔西走《とうほんせいそう》」のもじり。

ときとば

「時と場合」の略。「彼はときとばによってコロコロ態度を変える」。

どじょうのぼり「うなぎのぼり」とまではいかない、まずまずの上がり具合。「ここんとこ、売り上げがどじょうのぼりだな」。

ともき【友希】 友だちになることを希望すること。「友希です」。補注 主にブログやSN

最新KY語コレクション
【TIN】Tokuni Imi Nasi（＝特に意味なし）

S内で使われる。

どやがお【どや顔】 何かをやり遂げた後の、満足感に満ちた表情。❖主に関西で使われる。同やたった顔

どろん【ドロン】 早退。「今日は体調悪いからドロンしまーす」。

どんちょうあがりまーす【緞帳上がりまーす】 断りをいれながらスカートをめくるときに言う言葉。❖女子校で使う。

どんどんびょうし【鈍々拍子】 ものごとが調子よく進まなかったり、はかどっていない様子。「宿題が鈍々拍子に進まない」。❖「トントン拍子」のもじり。

なきかわ【泣きカワ】 泣いているところがかわいいこと。また、そういう人。❖男女どちらにも使う。

なつデビュー【夏デビュー】 夏休みの前と後で、全然違う格好や性格になること。夏休み前に「黒髪」「すっぴん」「ロンスカ」だった人が、休み明けに「金髪」「化粧」「ミニスカ」に変わっていたりすること。❖嫌われる原因の一つ。

きたはら 「高校デビュー」「逆デビュー」などという言葉もあり、「KD(=高

最新KY語コレクション
【TK】Tarako Kuchibiru(=たらこ唇)

校デビュー・かつらデビュー）」「MD（＝メガネデビュー）」「SD（＝社会人デビュー）」などというKY語もある。前者は『みんなで国語辞典！』に、後者は『KY式日本語』に収載している。

なつみそか【夏晦日】 夏休み最後の日。「夏晦日だというのに課題が全然手つかずだ」。

なまくしゃみ【生くしゃみ】 ❶くしゃみが出そうで出ないさま。❷十分に出きらない小さなくしゃみ。「生くしゃみをしたせいで、余計に鼻がむずむずする」。

にまいいわ【二枚岩】 組織や団体が、その指導者の無能ぶりや不毛な派閥争いにより内部分裂している状態。「あいつの裏切りによって、あの党は二枚岩になってしまった」。

きたはら 「一枚岩」は一枚の板のように平らで裂目のない岩だから、しっかりとまとまっていることのたとえに使われる。「二枚岩」は二枚の板が重なったように、二つに分裂している岩ということでいったもの。そんな岩が実在するかどうかはともかく、言葉の遊び。

ねおち【寝落ち】 チャットなどで誰かと絡んでいるときに寝てしまうこと。「眠いか

最新KY語コレクション
【TK】Tijounanoni **K**engai（＝地上なのに圏外）

広がる新語

ら寝落ちする」。類ご飯落ち、風呂落ち

ネッとも【ネッ友】

インターネット上だけの友だち。類モバ友 反リア友

きたはら 「ネット」に「とも」を続けたもの。「○○友」という若者言葉は非常に多い。コラム(P186)参照。

ねにげ【寝逃げ】 嫌なこと、心配ごとを棚にあげて寝てしまうこと。「課題がまったくの手つかずなので、とりあえず寝逃げしよう」。

ねモバ【寝モバ】 携帯などのモバイル機器を寝ながら使うこと。「昨日、寝モバしまくったから超眠いー!」。

ねんちゃく【粘着】（インターネット上の）ストーカーのような存在。しつこい人。

のうないミュージック【脳内ミュージック】（ふとしたきっかけから）頭の中でずっと同じ音楽が流れ続けること。また、その曲。「さっきからずっと脳内ミュージックが止まらない…」。

最新KY語コレクション
【TKG】TamagoKake Gohan（＝卵かけご飯）

のりっぱじ【乗りっ恥】（テンションが上がりすぎた結果）つい調子に乗り、身も蓋《ふた》もない言動をとってしまい恥をかくこと。また、その恥。

ノンおり【ノン折り】 ベルト部分を折り返して短く調節していたスカート丈を元に戻すこと。また、戻した状態。[同]全伸ば

パーティーびらき【パーティー開き】（スナック菓子などで）パッケージの裏面をつまんで左右に開封すること。また、その開き方。❖みんなで食べられる開け方。[類]ザー食い

きたはら ものも言いよう。駄菓子を器に盛らずに、袋を皿のように開いただけでも、このように言えば上品で豪華に聞こえる。

はいでん【灰電】 公衆電話のこと。❖最近の公衆電話の色が灰色であることから。

ぱくいん【パク引】 他人の作品をそっくりそのまま引用し、無断で自分の作品に使用すること。「友だちの感想文をパク引する」。❖「パクり」と「引用」の合成語。

はぐれる 好きだった作家やジャンルの本を読まなくなる。「推理小説からすっかりは

最新KY語コレクション
【TKK】Teigaku KyuuhuKin（＝定額給付金）

ぐれてしまった」。❖「飽きる」「卒業する」よりも柔らかい言い方。

ばけしょう【化け粧】 落としたときに、「化けの皮がはがれる」という表現がふさわしいくらい落差がある濃い化粧。

パソきん【パソ禁】 親の手によりパソコンが使えなくなること。「テストの点数が悪かったのでパソ禁になった」。

はつげ【初毛】 初めて生えてきた毛。

はつぱく【初パク】 ある食べ物を初めて食べること。「私、これ初パクなんだ」。

はつゆね【葉露音】 雨上がりに葉からしたたる雨水の音。「葉露音が聞こえるから、雨が降っていたのかも」。

きたはら 葉から落ちる露の音に耳を止めるとはとても繊細な感覚だ。すてきな音を捉えたゆかしい言葉だ。ただ、「はつゆ」は「葉露」よりも「初湯」と聞こえるし、「ね」もすぐには「音」と分からない。語構成にやや無理があり、分かりにくい。

はデコ 携帯電話や手鏡などを派手にデコレーションすること。また、そのデコレーションされたもの。「そのケータイ、はデコしすぎじゃない？」。

最新KY語コレクション
【TKO】 **T**anku**K**ara **O**ilemore（＝タンクからオイル漏れ）

COLUMN 13

無限に広がる「友だち語」
「つきあいの属性」編

好き嫌いはさておき、客観的に分類され、認識される「友だち」という存在。でも、実はみんな無意識にやっていることかも。

＊＊＊

【いきダチ】
はしゃぎすぎて、とても迷惑な友だち。

【星ダチ】
引っ越しなどで会えなくなった友だち。

【うざ友】　何かと関わろうとしてくる鬱陶しい友だち。
【借り友】　借りがある友だち。
【黒友】　腹黒い友だち。
【テリ友】　インテリな友だち。
【初友】　入学式やクラス替えの後に、最初にできた友だち。
【久友】　久しぶりに会った友だち。
【ブリ友】　ブリっ子な友だち。

はなのたね【鼻の種】 鼻くそ。「部長、鼻の種が見えていますよ」。❖品性や家柄を気にする家庭でも上品に使うことができる。

はなみずスライダー【鼻水スライダー】 鼻と口の間のへこんでいる部分が、極度にくっきりしていること。また、その人。

パパごと 自ら進んで世間・社会について知ろうとすること。「パパごとは私たちにとって大切である」。❖おもちゃなどを使って家庭生活のまねごとをする「ママごと」のもじり。

ばばちゃり おばあちゃんが乗っているような古いタイプの自転車。❖たいていはブレーキの音がうるさい。

はベリスト【侍リスト】 ❶身分の高い人や立場の上の人の身のまわりに控えている人。❷(①から転じて)力のある人に常につき従って離れない人。腰巾着。❖揶揄《やゆ》する意味で使われる。

はり【針】 掲示板などに画像や音楽を貼る(添付する)こと。❖連続で添付することは「連針」という。

きたはら 「針」の漢字を当てているが、意味からすれば、むしろ「貼り」の方が当たる。これは漢字だけの問題でなく、

最新KY語コレクション
【TMG】Taihen Mousiwake Gozaimasen
(＝大変申し訳ございません)

「針」と「貼り」ではアクセントが違う。掲示板だから針で止めるような意識があるのだろう。

ハンネ【半値】 インターネット上でのハンドルネームのこと。

はんみそ【半三十】 一五才。「おれらも来年には半三十だな」。❖三十路が三十歳を表すことから、その半分。

ひがも【ヒガモ】

「被害妄想」の略。被害妄想の強い人。「彼女は中学生にして早くも完全にヒガモだから気をつけよう」。

ぴくみん【ピク民】 ❶（人前での発表などで）緊張してピクピクしている人。❷心理状態が限界に達している人。

びぐろ【美黒】 肌が黒くてきれいな人。また、その肌。

きたはら　「美白」は昔からあった語だが、最近、「美白」の美肌がテレビなどで宣伝され、注目されるようになった。それに対抗してできた語。黒くて美しい肌は若者の愛好するファッション。

びたけ【微丈】 長くも短くもない微妙な丈。

最新KY語コレクション
【TMW】 **T**emee **M**ibun **W**akimaero
（＝てめー、身分わきまえろ）

ひつじねいり【羊寝入り】 だんだんと眠くなっていくこと。

きたはら 「泣き寝入り」「狸寝入り」などのもじり。眠れないときに羊の数を数えるといいというまじないは、シープとスリープが発音の似た語だからで、羊が一匹、二匹とか、一頭、二頭とか数えても眠くなることはないのだそうだ。

ひとカラ【ヒトカラ】 一人で楽しむカラオケ。「昨日は思いっきりヒトカラしてきたよ」。❖二人の場合は「フタカラ」、大勢の場合は「タカラ」となる。

びんびん (良家の若い息子を「ぼんぼん」と呼ぶのに対して)貧乏な人。

プーだる【プーダル】 プールの授業後のダルい状態。

ぶーたれき【ブータレ期】 親に反抗したくなる時期。類反抗期

ふうりんかざん【風鈴夏残】 夏が残りわずかになったときに風鈴の音を聞き、もの悲しくなること。❖「風林火山」のもじり。

ぶたしん【ブタ真】 「ブタに真珠」の略。全然似合っていないことのたとえ。

最新KY語コレクション
【TSK】Tenka Sanbunno Kei(=天下三分の計)

プチプラ　「プチプライス」の略。値段が安いこと。また安い値段。「プチプラなのにかわいいね」。

ぷるきん【プル筋】　発達途中の鍛えられていない二の腕。「お前の腕はまだまだプル筋だなー」。

ぶるっぱ【ブルッ歯】　電動歯ブラシ。

ふんさつ【分殺】　「瞬殺」「秒殺」ほどは早くできないこと。❖最初はすぐにできると思ったが、いざ、やってみると意外と時間がかかりそうなときに使う。

ふんとう【噴騰】　物価がものすごい勢いで上がること。

きたはら　「噴騰」は昔からあった語。しかし、「噴」は「噴火」「噴水」「噴出」などの例でも分かるように、吹き出す、吐き出すの意で、「噴騰」は勢いよく吹きあがること。物価が上がることにはややなじまない。ただ、「暴騰」にはない高く上がる勢いと新鮮さが感じられる。

ヘアトラ　「ヘアートラブル」の略。寝ぐせがひどい状態。

最新KY語コレクション
【TTB】Tsuuka Tadano Baka（＝つーか、ただのバカ）

へしょげる へこんで、かつ、しょげる。「部長に怒られてへしょげる」。

ぺちゃど【ペチャ度】 ❶食べ物を口に入れて噛《か》んでいるときに出る音の程度。「こっちまで聞こえるからペチャ度下げてくれよ」。❷のりなどの粘着力の程度。「ペチャ度の低い接着剤」。

ヘルシスト 油っこいものを嫌い、カロリーの低いものを好んで食べる人。「彼はヘルシストだからマヨネーズを食べない」。

ぼうす【坊走】 八月の初めからお盆にかけての時期。❖駐車禁止が厳しくなり、京都ではスクーターに乗って法事をかけもちするお坊さんをよく見かけることから。

きたはら 坊主が走りまわるだけなら漢字表記の通り「ぼうそう」だが、スクーターで走るから「ぼうス」。同音の「坊主」に合わせて「ぼうず」と濁る。十二月は師が走るから「師走」、ならば八月のお盆前は「坊走」という論理。ちなみに、上記「師走」の語源説は確かなものではない。

ほうふくぜっとう【豊腹絶倒】 食べすぎて倒れること。食い倒れ。「大阪はまさに豊腹絶倒の街だ」。❖「抱腹絶倒」のもじり。

ぽろり【ポロリ】 見てはいけないものが見

最新KY語コレクション
【UN】Utsudesuga Nanika（＝鬱ですが、何か？）

えてしまうこと。

ほんけ【本ケ】 複数の携帯電話を使っている場合に、メインで使っている方の携帯電話。「本ケに連絡入れといて」。

まずドリ

「まずはドリンクバー」の略。❖ファミリーレストランなどで使う。大人でいえば「とりあえずビール」と同じノリ。

まちぢかしい【待ち近しい】 時間が経つのが速く感じられてならないさま。「発表までの時間がとても待ち近しく感じられる」。反待ち遠しい

きたはら いうまでもなく「待ち遠しい」のもじり。「待ち遠しい」は「お待ち遠」などの「待ち遠」に「しい」を付けて形容詞化したもの。だから「遠しい」という形容詞はない。「待ち近」に「しい」を付けて形容詞を造ったもの。「近い」の方には「近しい」という形容詞があるが、これは、親密だ、近親の間柄だなどの意味で、「待ち近しい」とは意味がつながらない。「待ち遠＋しい」と同じ造り方の「待ち近＋しい」なのだ。

まチャミ【まちゃみ】 まあまあチャーミング。❖「まあまあ」とは言うものの、基本的

最新KY語コレクション
【USA】 **U**setsushite **S**asetushite **A**amou
（＝右折して左折して、あーもう）

には褒《ほ》め言葉。

まにゅう【魔乳】 女性で大変胸が大きいこと。また、その人。❖ランクとしては「巨乳」⇩「魔乳」⇩「爆乳」の順である。

マヨらか マヨネーズによってまろやかになった味。

みずせった【水セッタ】 ビーチサンダル。

みつばな【密話】

誰にも絶対に内緒の話。類 失話

きたはら 「〜ばなし」を「〜ばな」と省略する例は、他にも、「すばな(素話＝本当の話)」「こいばな(恋話＝恋愛の話)」「しっぱな(＝失話＝失恋の話)」などがある。「密」は「秘密」の略だが、蜂の「蜜」にも聞こえ、「蜜花」が連想されて、甘い内緒話に思われてくる。

みみぱく【耳パク】 聞こえてきた違うグループの会話の内容を、自分たちのグループでも話題にすること。「○○先生のことを話してたら、あっちの連中に耳パクされた」。

みんさい【眠才】 眠った才能。「彼は普段は寝てばかりだが、文字通り何かの眠才があ

最新KY語コレクション
【WBC】 **W**ara**B**an**C**i(＝わら半紙)

るに違いない」。

めがねがお【メガネ顔】 メガネをはずすと違和感を感じる顔。メガネ度の高い顔。「うちの弟がメガネ歴半年で立派なメガネ顔になった」。

きたはら メガネは、若者にとって実用というよりもおしゃれの道具。それだけに、メガネに関する言葉は多い。次々項の「メガネ度」のような言葉もある。

めがねけいだんし【メガネ系男子】 メガネが似合う男性のこと。❖メガネ系女子という言葉はない。メガネが似合う女子は「メガネっ娘」と呼ぶ。

めがねど【メガネ度】

メガネをかけている人の似合い具合。❖その値が高いほど似合っているが、はずしたときの印象は希薄になる。

めめしい【芽々しい】 ❶成長する様子が著しいさま。「赤ちゃんが芽々しく育っている」。❷体つきや雰囲気が若々しいさま。「あの人は今年で還暦だが、まだまだ芽々しい」。

きたはら 「めめしい（女々しい）」という言葉が昔からある。普通同じ形の言葉は造らないものだが、若者言葉はあえてそれを破る。「女々しい」と思って聞いて

最新KY語コレクション
【WK】 **W**akeme **K**aeta（＝分け目、変えた？）

いる人に「芽々しい」はまったく通じない。

もえそで【萌え袖】 指の先が少し出るくらいの袖丈の服。「あの子の萌え袖、めちゃかわいいー」。❖冬の女子高生によく見られる。

もちコース 「もちろん＋オフコース」の略。もちろん。当然。

きたはら この言葉は昔も使われていた。使われ続けてきたのか、復活したものか、昔からあったことを知らずに新しく造られたものか。

モバとも【モバ友】 （携帯電話の無料ゲーム兼SNSサイト）モバゲータウン内での友だち。類ネッ友反リア友

きたはら 「モバ」は「モバイル」の略。「○○友」という若者言葉は非常に多い。コラム（P187）参照。

もりし【盛り師】 若い女性の髪の毛を、工夫して大きく見せることを仕事にしている人。「今日、盛り師さんに髪の毛やってもらいに行くんだ〜」。

やったがお【やたった顔】 困難なことや、レベルの高い作業などをやり終えて、誇らしげな顔。どや顔。「あいつの、やたっ

最新KY語コレクション
【YAM】Yumenitokimeke **A**sunikirameke **M**ezasekoushien
（＝夢にときめけ！ 明日にきらめけ！ 目指せ甲子園）

た顔がとてもしゃくにさわる」。[同]どや顔

やにくら【ヤニクラ】 たばこを吸って、貧血のようにクラッとすること。

やまうら【山裏】 うらやましい状況。「いいなー、山裏ー！」。[類]裏山

やみき【病み期】 うまくいかないことが立て続けに起きて、気分が下がる時期。「マジで病み期突入！」。

ゆめみどろ【夢みどろ】 夢がいっぱいありすぎて、それに浸《ひた》ってまどろんだり、想像にふけっているさま。「来週の旅行のことを考えて早くも夢みどろだ」。

ゆるキャラ なごみ系のキャラクター。ゆるいキャラクター。「ゆるキャラ見てると和むよなー」❖サンエックス社の開発したキャラクター「リラックマ」などが代表的。

ラーサン 「ローソン」の別称。「帰りがけにラーサンに寄る」。❖携帯メールを打つ際、ラからロへの変換を面倒くさがる若者が使う。[類]サバンアラバン(＝セブンイレブン)

リアじゅう【リア充】

(リアルな)実生活が充実している人。モテ

最新KY語コレクション
【YD】Yaicha **D**ame(＝やいちゃダメ)

モテな人。彼氏・彼女のいる人。人気者。

きたはら　「リアル」は、インターネット内に居心地のよい環境を作って自分の居場所としている人から見た現実の社会のこと。これが充実している人はやはり羨《うらや》ましい。

リアとも【リア友】　現実世界での友だち。反　ネッ友、モバ友

リアルフェイス　素顔《すがお》。すっぴん。

りーぎれ【リー切れ】　携帯電話や車などのバッテリーが切れること。「昨日の帰り、リー切れで大変だった」。

ロミエットしょうこうぐん【ロミエット症候群】　二つの言葉を繰り返しているうちに、その二つが混ざり合ってしまうこと。❖「ロミオとジュリエット」⇩「ロミエット」、「トンネル混んでる」⇩「混んねる」など。

ろんぜん【論前】　話すまでもなく論外であること。

きたはら　「論ずる以前」という気持ちだろう。ありそうだが、なかった言葉。「論の外《ほか》」が「論外」、「論ずるまでも無し」が「無論」「勿論《もちろん》」。しかし、「論に及ばず」「論を俟《ま》たない」などに対応する漢語はない。

最新KY語コレクション

【YMO】 **Y**ada **M**ou **O**jisan（＝ヤダ、もう、オジサン）

わきばむ わきの下が汗ばむ。「体育の後ってわきばむから嫌だ」。

ワンろく【ワン録】 携帯電話などのワンセグ放送でテレビ番組を録画すること。「電波が悪くてワン録できなかった」。

最新KY語コレクション
【ZM】Zendai Mimon（＝前代未聞）

[編著者略歴]

北原保雄（きたはら　やすお）
1936年、新潟県柏崎市生まれ。1966年、東京教育大学大学院修了。文学博士。筑波大学名誉教授（元筑波大学長）。聖徳大学学事顧問。
■主な著書
『日本語の世界6　日本語の文法』（中央公論社）、『日本語助動詞の研究』『問題な日本語』『続弾！ 問題な日本語』『問題な日本語 その3』『北原保雄の日本語文法セミナー』『KY式日本語』（以上、大修館書店）など。
■主な辞典
『古語大辞典』（共編、小学館）、『全訳古語例解辞典』（小学館）、『日本国語大辞典第2版』全13巻（共編、小学館）、『明鏡国語辞典』『明鏡ことわざ成句使い方辞典』（以上、大修館書店）など。

みんなで国語辞典《こくごじてん》2　あふれる新語《しんご》

NDC810/viii, 243p/18cm

初版第1刷――2009年5月25日

編著者――北原保雄《きたはらやすお》
編　集――「もっと明鏡《めいきょう》」委員会《いいんかい》
発行者――鈴木一行
発行所――株式会社 大修館書店
〒101-8466 東京都千代田区神田錦町3-24
電話03-3295-6231（販売部）03-3295-4481（編集部）
振替00190-7-40504
[出版情報] http://www.taishukan.co.jp

装丁者――井之上聖子
印刷・製本――壮光舎印刷

ISBN978-4-469-22202-9　Printed in Japan

さくいん

さくいん

さくいん

さ

た

ま

や

キャンペーン応募作品ダイジェスト

■応募作品数

	小学校	中学校	高等学校	高専ほか	合計
第2回	192(2)	24,088(260)	18,920(119)	845(1)	44,045(382)
第3回	84(1)	32,226(301)	29,339(170)	1,156(2)	62,805(474)

※数字は作品数、(　)は学校数

■応募見出し語ベスト30

第2回

01　KY(空気読めない)(1,317)
02　どんだけー(912)
03　パクる、パクリ(528)
04　マジ(495)
05　やばい(468)
06　パネェ(422)
07　2ケツ(300)
08　うざい(261)
09　キモイ(231)
10　ギザ(229)
11　しける(229)
12　借りパク(228)
13　がばしょ(218)
14　ウケる(216)
15　とりま(212)
16　子供(176)
17　大人(175)
18　痛い(163)
19　チャリ通(161)
20　オタク、ヲタク(157)
21　意味不(156)
22　しゃしゃる(154)
23　ツンデレ(153)
24　萌え(151)
25　置き勉(150)
26　テンパる(145)
27　ドン引き(143)
28　ギザカワユス、カワユス(141)
29　仲仔、仲子(139)
30　早弁、速弁(135)

第3回

01　パクる、パクり(819)
02　KY(空気読めない)(727)
03　パネェ、ハンパねぇ(575)
04　ガチ、ガチで(488)
05　神(402)
06　ヤバイ(368)
07　とりま(305)
08　マジ(291)
09　JK(女子高生)(283)
10　オケる(262)
11　リアル、リアルに(250)
12　ググる(216)
13　ダルビッシュ(215)
14　しける(206)
15　ギザ(201)
16　2娘1(にこいち)(198)
17　乙(おつ)(191)
18　ウケる(190)
19　デコる(185)
20　ありえんてぃー(182)
21　心友、新友、信友、親友など(176)
22　チクる(171)
23　ブチる(158)
24　チョリース(157)
25　テクる(156)
26　パシる、パシリ(151)
27　チキン、チキる(149)
28　借りパク(146)
28　ツボる、ツボ(146)
30　パチる、パチ(145)

この本の元となったキャンペーンについて

気になる言葉を選び、それに自分なりの意味と解説を付ける。例文を添えれば、国語辞典のパーツの出来上がり。みんなでパーツを作って持ち寄ろう。どこにもない「辞書」ができるかもしれない――。

辞書や言葉へのさまざまな「もっと」が集まると、どんな辞書ができるのか？　そんな思いから、大修館書店では、国語辞典に載せたい言葉や意味・例文を募集するキャンペーンに取り組んでいます。それが、「もっと明鏡」キャンペーンです。

「もっと明鏡」って、何？

応募条件はただ一つ、既存の国語辞典の内容にとどまらない、オリジナルの作品であること。毎年、全国の中高生から、鮮度の高い言葉がたくさん寄せられています。本書では、第二回と第三回の応募作から、約一、二〇〇作品を収録しました。

当キャンペーンは二〇〇九年で第四回を迎えます。今後とも「もっと明鏡」を、よろしくお願いします。

★キャンペーンの詳細は、大修館書店ホームページ http://www.taishukan.co.jp で